云麓学术论丛

我国虚假新闻传播的受众心理研究

周灿华 著

湖南省哲学社会科学基金项目『我国虚假新闻传播的受众心理研究』（11YBB389）研究成果、湖南省教育厅科学研究重点项目『中国新闻改革与新闻法制史论（1978-2016）』（17A121）资助

科学出版社
北京

内 容 简 介

近年来，由于市场经济因素的冲击、新闻职业道德的滑坡、媒介管理上的疏漏以及受众的不合理心理需求等原因，虚假新闻屡禁不止，新闻真实性受到严重挑战。虚假新闻已经成为新闻学界和业界共同关注的热门话题，来自受众、政府和传媒的抵制虚假新闻的呼声越来越高。这要求我们从理论上、从人们的心理上去探究它产生的原因，分析它的危害，并寻找防治的办法。

本书首先对我国新闻史上虚假新闻的传播进行历时性的梳理，并对虚假新闻的表现特点和形式、虚假新闻产生的原因、虚假新闻对受众心理的危害以及如何防治虚假新闻的应对措施进行了分析。其次，从普通心理学角度着手，着重阐述了虚假新闻对受众心理包括认知、情绪情感、行为三个心理层面的危害。最后，详细分析了新闻传播者制造虚假新闻的心理动机以及传者、受众和行业、政府防治虚假新闻的应对措施。

图书在版编目（CIP）数据

我国虚假新闻传播的受众心理研究 / 周灿华著. —北京：科学出版社，2018.3

（云麓学术论丛）

ISBN 978-7-03-054964-8

Ⅰ. ①我… Ⅱ. ①周… Ⅲ. ①假报道-受众-心理-研究-中国 Ⅳ. ①G219.2

中国版本图书馆 CIP 数据核字（2017）第 258974 号

责任编辑：张　达 / 责任校对：彭　涛　邹慧卿

责任印制：张欣秀 / 封面设计：铭轩堂

科学出版社 出版

北京东黄城根北街 16 号

邮政编码：100717

http://www.sciencep.com

北京凌奇印刷有限责任公司 印刷

科学出版社发行　各地新华书店经销

*

2018 年 3 月第　一　版　开本：720×1000　B5

2018 年 3 月第一次印刷　印张：11 3/4

字数：220 000

POD定价：　88.00元

（如有印装质量问题，我社负责调换）

前　言

在媒体市场化程度越来越高的今天，随着互联网的兴起和普及，媒体间激烈的竞争日益加剧。新闻赖以存在的真实性原则却在这个过程中出现了不同程度的缺失，催生出层出不穷的虚假新闻。虚假新闻一直是困扰中国新闻界的老问题，业已成为社会的“顽症”。其不仅可能对个人造成致命打击，还可能给群体、社会和国家带来巨大灾难，这不能不引起各界的高度重视。习近平总书记高度重视新闻真实性的问题。2016 年 2 月 19 日，在党的新闻舆论工作座谈会上，习总书记在他发表的重要讲话中指出：“真实性是新闻的生命。要根据事实来描述事实，既准确报道个别事实，又从宏观上把握和反映事件或事物的全貌。”这一论断，充分体现了中国共产党实事求是的思想路线，是我们研究和治理虚假新闻的重要指导思想。坚持新闻的真实性、客观性，就是坚持实事求是的思想路线，它是校正新闻工作者从业水准、职业操守和工作能力的重要标尺。

《新闻记者》自 2001 年到 2010 年连续 10 年盘点年度假新闻，每年从搜集到的上百条假新闻和疑似假新闻里逐条筛选，经过多轮淘汰，将造假最卑劣、内容最荒唐、传播最广泛、危害最严重的假新闻入围，并对造假媒体的地区、类型和假新闻的种类等有所平衡，最终选定最具代表性、最有典型意义的“十大假新闻”。自 2011 年至 2016 年又连续 6 年推出虚假新闻研究报告（2011 年为虚假新闻病理分析报告），从未间断。其评选的“十大假新闻”和虚假新闻研究报告权威性强、影响力大。本书充分借鉴了《新闻记者》这 16 年评选和研究虚假新闻的成果。

新闻打假是一项艰难的事业，任重而道远。为维护新闻的真实性，国家新闻出版主管部门曾制定多个与假新闻有关的规范性文件，如 1999 年发布的《报刊刊载虚假、失实报道处理办法》、2009 年发布的《关于采取切实措施制止虚假报道的通知》和 2011 年发布的《关于严防虚假新闻报道的若干规定》，制止虚假失实新闻形成制度。2016 年 7 月，为进一步打击和防范网络虚假新闻，国家网信办印发了《关于进一步加强管理制止虚假新闻的通知》，要求各网站始终坚持正确舆论导向，采取有力措施，确保新闻报道真实、全面、客观、公正，严禁盲目追求时效，严禁未经核实将社交工具等网络平台上的内容直接作为新闻报道刊发。该通知要求各网站要落实主体责任，进一步规范包括移动新闻客户端、微博、微信在内的各类网络平台采编发稿流程，建立健全内部管理监督机制。严禁网站不标注或虚假标注新闻来源，严禁道听途说编造新闻或凭猜测想象歪曲事实。各级网信办要切实履行网络内容管理职责，加强监督检查，严肃查处虚假、失实新闻信息。另外，中华全国新闻工作者协会在 1991 年制定了《中国新闻工作者职业道德准则》，并在之后的 1994 年、1997 年、2009 年进行了三次修订。有学者指出，这些法律和伦理规范是“印在纸上”而不是“刻在心里”，难以发挥对新闻职业行为的有效指引作用。究其原因，很重要的一点在于这些规范的制定，没有建立在对虚假新闻制造、传播与接受的传受者的心理机制的充分把握上。

新闻动机是新闻传受双方的新闻需要与满足新闻需要的目标相结合的产物，是激发和维持新闻传受双方传播、接收新闻，并导致该活动朝向某一新闻目标的心理倾向和动力。《新闻记者》原主编吕怡然在《10 年打假：不得不说的“故事”——坚持十年鞭挞虚假新闻的历程及思考》一文中总结虚假新闻层出不穷、久治不愈的主观原因主要有三条：一是记者编辑对新闻真实性原则的轻视和忽略，致使采编工作浮躁、浮夸、肤浅。二是媒体的领导者对新闻真实性原则不以为然，掉以轻心。三是尚未建立刚性的、长效的追查、问责、监管、惩戒机制。在揭露和抨击虚假新闻问题上则存在着“效果论”“难免论”“辛苦论”“彼此论”等几个误区和认知陷阱，这些都与传受者的心理存在某种因果关系或会对传受者的心理产生某种影响。因此，探寻造成虚假新闻久治不愈的原因，既要关注政府行政规制和行业自律的制度化路径，更要关注制度背后的文化，尤其是受众心理和社会心理方面的因素。

美国奥巴马政府信息与规制事务办公室主任桑斯坦教授在《谣言》一书中认为，在言论自由的民主社会，从来就不乏谣言的传播渠道。事实经验的缺乏、情感和偏见导致了谣言的滋生、传播和影响力的扩大。然而，仅靠保持言论自由和法律管制之间的平衡来消除谣言是不可能的。防止网络时代越来越容易被引爆的谣言，最根本的方法在于摸清散布谣言者的心理机制和谣言的传播机制。虚假新闻跟谣言一样，其传播离不开新闻传者和受众。而虚假新闻的制造和接受与传受者的心理又有着密不可分的联系，因此，防治虚假新闻的一个重要方法在于摸清散布虚假新闻传受者的心理机制及其和虚假新闻传播机制的关系。本书正是在这一理念指导下，从传者和受众心理角度，探讨虚假新闻产生的心理原因、造成的心理危害及其防治措施。

首先，本书从历史维度考察虚假新闻传播典型时期及传受者社会心理变化特点，并从心理学的角度分析了传者制造传播虚假新闻和受众接受虚假新闻的心理原因，以及虚假新闻产生的社会心理原因。

其次，本书结合问卷调查研究的统计结果，着重阐述了虚假新闻传播对受众认知、情绪情感和行为方面的危害。虚假新闻传播引起受众认知失调，导致受众认知偏差；虚假新闻传播使受众产生负性情绪，导致受众形成逆反心理，甚至可能引起媒介道德恐慌；虚假新闻传播误导受众行为，甚至导致受众的“盲从”行为和集合行为。

最后，本书还从心理学、传播学、法学、社会学等多学科结合的角度探讨了虚假新闻防治的应对措施。行业和政府防治虚假新闻的制度对策主要包括：行业要建立起行之有效的行规行约，着力构建起新闻职业伦理体系；政府要完善新闻法制体系，将新闻工作纳入法治轨道。传者防治虚假新闻的措施包括：培养传者正确的新闻动机，提倡新闻真实；传者充当正确的新闻角色与虚假新闻的防治。传媒管理人员防治虚假新闻的应对措施包括：培养传者树立正确的需要观，满足传者正当的心理需求；新闻单位内形成良性的奖惩机制；传者心理危机的预防和规避。受众防治虚假新闻的心理应对措施包括：受众的选择性心理与对虚假新闻的防治；培养受众良好的新闻批评心理；提升受众的媒介素养能力。

虚假新闻是新闻传播学界应始终关注的一个重要研究课题。虚假新闻作为一种传播现象，无论研究者是历时性地回溯古今新闻史，还是共时性地比较中外新闻界，虚假新闻在每个时代、各个国家都普遍地存在着，只不过严重程度、具体表现形态、形成原因以及社会应对机制有所不同。因此，我们必须正视虚假新闻依然存在并将长期存在，其形态也会随着时代的变化而不断演进的事实和规律。“2007 年十大假新闻”的“编者按”写道：“又是年终岁尾时。每年此时，正是我们深感无奈、痛苦难熬的时光。本刊的新闻打假已历经 7 年，虽然使我们的神经多多少少有些麻木，但面对又一个年度里如此众多的假新闻，作为传媒人，我们仍然痛并羞愧着。这样的‘年度十大假新闻’评选何时是尽头？……”终于，从2012年起，《新闻记者》不再评选上年度“十大假新闻”了，转型为“更多地从理论上分析虚假新闻形成的根源，寻求防范和减少虚假新闻的有效途径”。

同样的，作为一本从传受者心理角度分析虚假新闻形成根源、危害及防范措施的著作，希望本书能够帮助受众高度认识到拟态环境中虚假新闻传播对受众心理的负面影响，从而有助于传者积极采取应对虚假新闻的有效措施；也有助于受众正确认识“传媒与人”的关系，培养受众具有健康的媒介批评能力，提高受众的媒介素养以分辨真假新闻，理性地利用媒介来为人类服务，自觉抵制虚假新闻的危害；还能有助于政府和传媒行业构建防治虚假新闻的制度体系。

由于作者个人水平有限，书中难免会有一些不成熟之处，欢迎从事新闻传播学教学和研究的广大同行给予批评指正。因研究经费和研究时间的限制等，书中的被调查对象年龄分布以20—29岁者居多，学历分布以大学本科和研究生学历为主，建议未来研究者可针对其他不同年龄层次、不同学历和不同职业的受众进行研究，以获取连贯性的统计资料；同时未来研究也可以对不同年龄阶段的学生和非学生进行比较性研究，以整合研究结果。本书存在的不足之处，需要在以后的研究中再进一步修善、深化与更新。

是为序。

周灿华

于中南大学

2017年10月26日

目　录

前言……i

第一章　导论……1

第一节　研究问题的提出……1

第二节　虚假新闻研究的学术史梳理……6

第三节　本书涉及的基本概念与基本理论……10

第四节　理论框架与研究方法……15

第二章　虚假新闻传播的表现及传受者心理特点分析……22

第一节　虚假新闻概念的界定及分类……22

第二节　从历史维度考察虚假新闻传播的典型时期及传受者的社会心理变化特点……27

第三节　从现实维度审视新时期虚假新闻传播的表现及特点……35

第三章　虚假新闻产生的心理原因……42

第一节　传者制造虚假新闻的心理原因……42

第二节　受众接受虚假新闻的心理原因……48

第三节　虚假新闻产生的社会心理原因……55

第四章　虚假新闻传播对受众认知的危害……62

第一节　拟态环境中的虚假新闻与受众心理……62

第二节　虚假新闻引起受众认知失调……68

第三节　虚假新闻导致受众认知偏差……75

第五章　虚假新闻传播对受众情绪、情感的危害……83

第一节　虚假新闻导致受众产生负性情绪……83

第二节 虚假新闻导致受众产生逆反心理 …… 91
第三节 虚假新闻对受众道德情感的危害 …… 95

第六章 虚假新闻传播对受众行为的危害 …… 105
第一节 虚假新闻传播导致受众的错误行为 …… 106
第二节 虚假新闻传播引起受众的从众行为 …… 109
第三节 虚假新闻传播导致受众的集合行为 …… 114

第七章 防治虚假新闻的应对措施 …… 121
第一节 行业和政府防治虚假新闻的制度对策 …… 121
第二节 传者防治虚假新闻的应对措施 …… 129
第三节 受众防治虚假新闻的心理应对措施 …… 144

参考文献 …… 160

附录一 新闻信息对受众影响的调查问卷 …… 168

附录二 新闻信息对大学生影响的调查问卷 …… 172

附录三 对新闻传者的访谈提纲 …… 176

附录四 对新闻传者的部分访谈记录 …… 177

第一章　导　　论

第一节　研究问题的提出

近年来，随着中国新闻市场的逐步发展与活跃，新闻报道从内容到形式都有了很大改观。但与此同时，新闻的真实性原则却受到了严峻挑战。在媒体市场化程度越来越高的今天，媒体间激烈的竞争日益加剧。新闻赖以存在的真实性原则却在这个过程中出现了不同程度的缺失，催生出层出不穷的虚假新闻。2005 年的“95%啤酒加甲醛”的虚假新闻，韩、日等国由此展开对中国啤酒的调查，导致国内啤酒出口量骤减；2006 年的“银监会拟发退市令　三城商行受警告”的虚假新闻，导致衡阳城商行遭挤兑；2007 年的“北京纸馅包子”事件，导致全国的包子一度无人问津；“西瓜注水”“香蕉致癌”的虚假新闻，引起消费者的极大恐慌和困惑，给当地农民造成巨大经济损失；2010 年 12 月 6 日，《中国新闻周刊》官方微博发布“金庸去世”假新闻，当晚《中国新闻周刊》负责人即在新浪微博上承认“编辑未作任何核实草率转发；2012 年 10 月 4 日，《南京晨报》在“南京新闻”版报道《江宁一鹿场长假每天有人排队喝鹿血》，这条“制造”的假新闻成为当年长假期间最受关注的热点，“残忍”的南京人遭到指责；2013 年 12 月 3 日，由中国国际广播电台主办的中央重点新闻网站“国际在线”发布了一组“老外街头扶摔倒大妈遭讹”的图片，之后这条假新闻被广泛传播，导致了一场网络风波，网友误读、部分媒体误报；2015 年 6 月 12 日，湖南广播电视台都市频道“都市一时间”栏目播出题为《32 岁男子家中坠亡　炒股巨亏》的虚假新闻；2016 年 2 月 14 日，一篇名为《春节纪事：一个病情加重的东北村庄丨返乡日记》的文章在《财经》杂志微信公众号发表，这篇虚构杜撰的文章一出，光明网、中国青年网、中国网等媒体纷纷转载，引起网友们的热议。

现代摄影技术的迅猛发展，给新闻造假者创造了便利条件。媒体进入所谓的“读图时代”后，假新闻照片事件的发生也接踵而至。发生在 2007 年岁末至 2008 年岁初的几起关于“真假”照片的事件，因为其发生时间的高度密集性和前所未有的轰动效应，催人深思，发人深省。例如，摄影记者刘为强在“影响 2006・CCTV 图片新闻年度评选”活动中获铜奖的作品《青藏铁路为野生动物开辟生命通道》系经合成的假照；另一张获得首届中国国际新闻摄影比赛中金奖的题为《广场鸽接种禽流感疫苗》的照片，因为画面上有两只完全相同的鸽子而被认出造假；2007 年 10 月 12 日，陕西省林业厅对外宣称陕西省镇坪县城关镇文彩村农民周正龙拍到了野生华南虎照片的“周老虎”虚假新闻事件；2008 年 3 月，湖南平江县电视台记者吴华称拍摄到平江境内“华南虎”踪影的“吴老虎”虚假新闻事件。

本书作者主持的问卷调查结果显示，受众普遍认为当前新闻媒介存在的虚假新闻数量是比较多的。网上问卷调查结果显示：57.19%的受众认为当前媒体上存在的虚假新闻数量很多或较多，14.78%的受众认为较少或很少存在虚假新闻，28.03%的受众认为虚假新闻的数量一般。网下问卷调查结果显示：50.67%的受众认为当前媒体上存在的虚假新闻数量很多或较多，10.95%的受众认为较少或很少存在虚假新闻，38.38%的受众认为虚假新闻的数量一般。

新闻造假是对客观事实的践踏，是对新闻学科的颠覆，是对新闻伦理的背叛，也是对公众信念的嘲弄。①尽管我国新闻界做出了许多抵制虚假新闻的工作，但虚假新闻却屡禁不止，这从近年来《新闻记者》杂志年度“十大假新闻”的评选活动中可见一斑。虚假新闻既践踏了事实又嘲弄了受众的信念，甚至还会影响受众的心理健康，进而给国家的发展带来隐性或显性的社会危害。新闻作为一种精神产品，其造假的社会危害性远远大于一般的假冒伪劣产品。网络的出现使信息的传播速度、范围、影响力等得到了前所未有的增加，虚假新闻对社会的危害性显得尤为突出。中国社会科学院委托“华闻在线”撰写的《2007年中国互联网舆情分析报告》指出，随着互联网的普及，网络往往成为流言和传闻的扩散平台，对于社会稳定、社会和谐的影响值得关注。专家认为，开放的天性使网络平台具有“聚合效应”“放大效应”。一些虚假、不实信息经过网络扩散，会形成巨大的舆论“泡沫”，其后果是公众精神和利益被伤害；社会

① 参见阙爱民：《新闻真实性的多重属性及假新闻的危害》，《青年记者》2006 年第 20 期。

公众对媒体的信任资源受损；国家名誉被侵害；市场秩序被打乱甚至影响社会舆论和政府决策等。

导向是新闻的根本，真实是新闻的生命。在正确舆论导向下，维护新闻的真实性是新闻从业人员最基本的职业道德，也是新闻媒体必须承担的社会责任。在新闻报道的真实性上，我们可以从理论上说哪些事项的真实比起哪些事项的真实更重要，但在收受活动中，任何一个细节的失实，都可能导致“雪崩效应”或者“蝴蝶效应”（实质上就是说，一个微小的变动，可能引起巨大的后果），即导致受众对整个报道的不相信。[①]大众传媒在当今文化形态与社会结构中起着主导作用，随着社会转型加剧，受众在精神消费上对媒介的依赖度越来越高，媒介所肩负的责任也就更大，它在大众传播中的任何生态污染或失衡都会对人类的生活和心理产生巨大的影响，对已经形成的生态平衡关系造成破坏。它营造出的媒介生态环境，影响并统一着大众群体的自我认知和行为。大众传媒传播的虚假新闻，不但没有积极引导受众走出心理误区，朝健康方向发展，反而对受众加以误导、对处于无意识状态的正常受众进行精神污染，使其也慢慢加入心理问题者之列，久而久之，社会大范围民众“心理震荡”现象便会凸显，受众与媒介不再和谐，受众生态环境受到的污染也就更加严重。本书作者主持的问卷调查结果显示（如图 1-1、图 1-2 所示），虚假新闻对受众心理产生了很大的负面影响。网上调查结果和网下调查结果分别显示：90.47%的受众和 91.6%的受众认为，虚假新闻对受众心理产生了很大或较大的负面影响。世界卫生组织提出的健康新概念指出，所谓健康，就是在身体上、精神上、道德上、社会适应上完全处于良好的状态，即身、心两个方面。这个概念早已超出人们的传统认识，它不仅指生理上的健康，还包括心理和社会适应等方面的完好状态。心理健康已成为现代健康概念中一个不可缺少的部分。虚假新闻产生的原因与传者和受众的不健康心理需求密切相关，虚假新闻传播后对受众的心理带来了较大的危害，虚假新闻的防治需要传者和受众树立健康的新闻观念。虚假新闻传播对受众心理产生了较大危害，作为任何一名有良知的新闻工作者或新闻研究者，都有一份责任或义务去防范或尽量减少虚假新闻的传播。

---

① 参见陈力丹：《陈力丹自选集——新闻观念：从传统到现代》，复旦大学出版社 2004 年版，第 58 页。

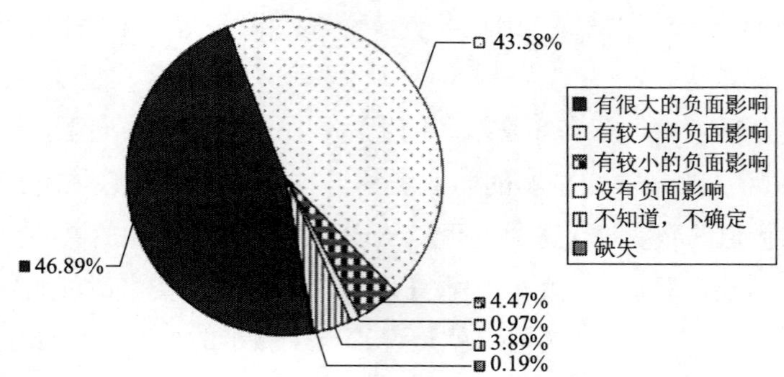

图 1-1 虚假新闻对受众心理影响的网上调查

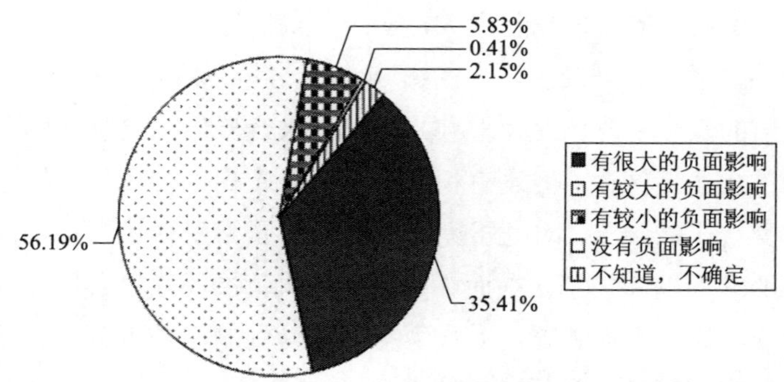

图 1-2 虚假新闻对受众心理影响的网下调查

习近平总书记高度重视新闻真实性的问题。在 2016 年 2 月 19 日党的新闻舆论工作座谈会上，习总书记指出："真实性是新闻的生命。"2007 年北京电视台播发虚假新闻"纸做的包子"事件出现后，中国记协发出通报，要求新闻界坚持正确导向、坚持新闻真实、采取有力措施杜绝虚假新闻。中宣部、广电总局、新闻出版总署发出通报：组织新闻工作者认真学习中央关于加强新闻出版工作的一系列指示，学习有关法律法规，努力建设一支政治强、业务精、纪律严、作风正的新闻工作队伍。全国"扫黄打非"工作小组办公室、新闻出版总署联合在全国开展整治假报刊、假记者站、假记者、假新闻的专项活动。随着互联网技术的发展，虚假新闻有了更为便捷的传播渠道。为进一步打击和防范网络虚假新闻，国家网信办在 2016 年 7 月印发了《关于进一步加强管理制止虚假新闻的通知》，要求各网站始终坚持正确舆论导向，采取有力措施，确保新闻报道真实、全面、客观、公正。该通知要求各网站要落实主体责任，严禁道听途说编造新闻或凭猜测想象歪曲事实。各级网信办要切实履行网络内容管理职责，加强监督检查，严肃查处虚假、失实新闻信息。

虚假新闻已经引起了社会的高度关注，来自民众、政府和传媒的抵制虚假新闻的呼声越来越高。本书作者主持的问卷调查结果显示（如图 1-3、图 1-4 所示）受众反对虚假新闻的态度非常坚决。网上调查结果和网下调查结果分别显示：78.99%的受众和 78.81%的受众表示坚决反对新闻工作者传播虚假新闻的行为；15.18%的受众和 18.12%的受众比较反对；而表示不太反对、不反对和无所谓态度的受众仅占有 5.63%和 3.07%。

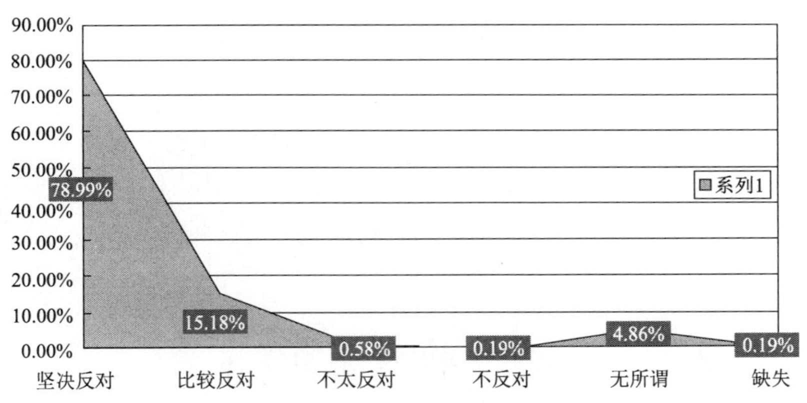

图 1-3 受众对虚假新闻所持态度的网上调查

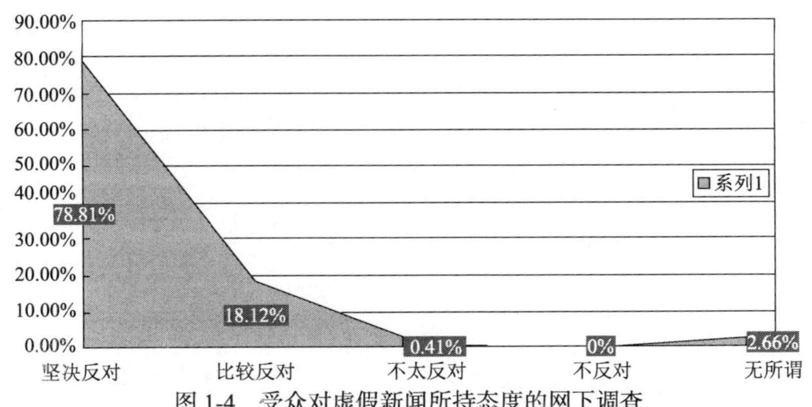

图 1-4 受众对虚假新闻所持态度的网下调查

目前，我国新闻传播学理论与新闻实践工作的脱钩现象比较严重，新闻理论明显地滞后于新闻实践工作，新闻传播学理论未能做到很好地指导实践工作。鉴于大环境的影响，传播心理学的理论知识也没能够对新闻传者和受众发挥应有的指导效果。笔者以研究媒体与受众的关系出发，从传播心理学的角度来探讨新闻实践工作中存在的虚假新闻现象，希望可以对国内现有的传播心理学研究提供一定程度的补充性作用。另外，虚假新闻是我国乃至世界新闻传播史上长期存在的一大公害问题，对于虚假新闻的研究能够对完善新闻学理论体系提供一定的帮助。本书从心理学的角度来研究虚假新闻产生的心理原因、对受众的心理危害及传受者的心理对策，有助于传播心理学这门交叉性学科的多样化发展，从而为新闻实践、为新闻立法提供一些更科学的理论引导。

虚假新闻的出现在社会上产生了恶劣的影响：对新闻媒体、新闻传播者自身形象的损害；对整个新闻传播业的侵蚀；对受众身心健康的危害，使受众对传媒公信力的认可度一再降低。坚决制止、反对虚假新闻始终是新闻传播的内在要求，是新闻事业、新闻职业工作者必须具备的基本精神，是党和国家对新闻工作的要求，也是新闻界和全体新闻工作者的责任。

第二节　虚假新闻研究的学术史梳理

由于市场经济因素的冲击、新闻职业道德的滑坡及媒介管理上的疏漏等原因，虚假新闻屡禁不止，新闻的真实性受到严重挑战，虚假新闻成了新闻学界和业界共同关注的热门话题。中央有关部门近年来针对新闻界存在的虚假新闻现象采取了许多治理措施，同时多次组织学界和业界就此问题展开理论探讨，更是凸显出虚假新闻研究的重要性。

对新闻真实的研究是伴随着五四运动时期新闻学的诞生而开始的。从那时开始到中华人民共和国成立前，有关的新闻学书籍和研究论文大都有所涉及新闻真实的问题。中华人民共和国成立以后，虽然在新闻实践中也常常涉及新闻真实问题，但学术意义上的研究基本停滞。直到进入改革开放新时期后，真正意义上的新闻真实学术研究才开始出现。[①]维护新闻真实与防范虚假新闻相辅相成，对新闻真实的探讨伴随着对虚假新闻的研究。

纵观从 20 世纪 70 年代末到现在有关虚假新闻的研究，成果比较丰富，有专著、有论文，而在新闻传播理论教材中都有对虚假新闻问题的介绍。

一、从研究成果的横向角度来看

第一，直接研究虚假新闻问题的著作，目前见到的主要有四本：蒋亚平、官健文、林荣强所著的《新闻失实论》（上、下册），中国新闻出版社 1986 年出版；中宣部新闻局、中国社科院新闻所编的《真实——新闻的生命》，中国新闻出版社 1986 年出版；叶德本的《中外假新闻大曝光》，中国国际广播出版社 1992 年出版；杨保军的《新闻真实论》，中国人民大学出版社 2006 年出版。

这四本著作中，作者主要是从新闻学的角度来探讨虚假新闻，而涉及心理学的知识甚少。杨保军教授的《新闻真实论》一书中，在论述虚假新闻产生的根源时，分析了虚假新闻产生的社会心理原因。[②]

从国内主要的新闻心理学和传播心理学著作来看，专门论述虚假新闻的内容较少，更多的只是一笔带过或有所提及。刘京林教授的《大众传播心理学》一书中提到传者制造虚假新闻会对受众心理产生负面影响；刘京林教授的《新闻心理学原理》一书中提到逆反心理的克服——杜绝假新闻；虞达文教授的《新闻心理学》一书中讲到了受众逆反心理的形成与消除；刘晓红、卜卫的《大众传播心理研究》一书中提到了媒介真实和社会真实的差别及媒介工作者处理信息时的认知偏差问题。

第二，就论文来看，在 CNKI 中国学术期刊网上以“虚假新闻”为关键词，检索 1985 年至 2017 年的文献，排除重复、相关度低的文章，共获得文献 746 篇。综合分析这些探讨虚假新闻的文献，目前的研究有如下特点：绝大多数文献集中在对虚假新闻的产生原因和防治措施两个方面的研究上。产生原因方面，媒体自律机制缺位、媒体的激烈竞争、消息来源不明确等，是目前业界和

---

① 参见郑保卫、樊亚平、卢佩：《新时期我国新闻真实研究述评》，《今传媒》2008 年第 1 期。

② 参见杨保军：《新闻真实论》，中国人民大学出版社 2006 年版，第 284—290 页。

学界的共识；防治措施方面，针对虚假新闻产生的社会、文化、经济、历史等各个方面的原因，研究者提出了创新媒介体制，并加强媒体从业人员的职业道德和社会责任感等。

综观上述研究成果，其作者主要是从新闻学、媒介经济学和伦理学等角度来阐述虚假新闻，而专门从心理学角度来分析虚假新闻的研究成果颇少，更多的只是简单层次的描述，且心理学理论视野较为狭窄，很少进行深层次的探讨。陈力丹教授认为，一旦记者编辑选择新闻的标准不是其社会价值和现实意义，而仅仅为了满足受众的心理需要，新闻报道"以受众为向心"而不是"以事实为向心"的话，虚假新闻就会泛滥成灾。①他在分析新闻失实的原因中谈到了传者因利益驱动、文学杜撰和想象所造成的失实。②郑保卫教授认为，治理虚假报道是一项社会系统工程，不仅要靠新闻界的自律，还要靠全党和全社会的共同努力，一起来营造一个人人说真话，办实事，坚持真理，反对虚假的良好的社会大环境。③

二、从研究成果的纵向演进来看

这些年来的虚假新闻研究可以分为三个阶段：

（一）20世纪70年代末至80年代前半期

这一时期的研究大都被置于新闻界拨乱反正、寻求新闻规律回归的背景之下，许多文章都是揭批林彪、"四人帮"极左路线下新闻的"假、大、空"现象的。研究的目的主要是防治虚假新闻来指导新闻实际工作，因此研究的学理性较为欠缺。④

（二）20世纪80年中后期至整个90年代

这一时期有关虚假新闻的研究注重业务性和理论性两者兼而有之的探讨，

---

① 参见陈力丹：《假新闻何以泛滥成灾》，《新闻记者》2002年第2期。

② 参见陈力丹、闫伊默：《新闻真实与当前新闻失实的原因》，《新闻传播》2007年第7期。

③ 参见郑保卫：《提倡"从我做起"治理虚假报道》，《当代传播》2005年第1期。

④ 参见郑保卫、樊亚平、卢佩：《新时期我国新闻真实研究述评》，《今传媒》2008年1月。

学理性和纯理论探讨的色彩逐渐增强。80 年代中期，不少新闻理论界的学者提出新闻失实论，将失实新闻作为研究对象，探求其发生、发展的规律。90 年代提出假新闻论，中国新闻界基本上用“假新闻”一词取代了“失实新闻”一词来描述非真实的新闻。

（三）2000 年至今

这一时期在保持前一时期特点的基础上，在实践和理论的研究中出现了一些新的特点。在实践上，由上海新闻学会会刊《新闻记者》发起，人民网传媒频道、上海复旦大学新闻学院联合推出的“中国十大假新闻”评选活动，在广大受众、媒体从业者、大众传媒中都引起了较大反响。在理论上，一是研究网络虚假新闻的文章明显增加。《网络传播》杂志认为，互联网上对虚假新闻掀起的一片片谴责，已经向所有的网络新闻工作者发出了警示，杜绝网络虚假新闻已经刻不容缓，否则网络媒体的公信力会随着虚假新闻的传播而滑坡。二是对虚假新闻进行法律分析，尤其是针对虚假新闻如何实施处罚的论文逐渐增多。不少学者都提出了加大处罚新闻造假行为的力度、建立保障新闻真实性长效机制的建议。但这些建议大多点到为止，不少还停留在简单的口号式图解层面，没有阐释什么样的机制是长效机制，没有构建起具体的可操作模式，也就使我们无从真正了解新闻从业人员为追求新闻可信度而织成的“客观事实网络”到底在哪里出现了漏洞。①三是出现一些探究和反思其他国家虚假新闻的传播原因、传播机制与防治对策方面的文章。

综观上述文献，对虚假新闻研究的切入点主要放在虚假新闻产生的原因及对策两方面，且大部分从新闻学的角度进行探讨，而从心理学角度探讨虚假新闻对受众心理危害的研究基本上没有。本书立足于心理学的理论框架，探讨虚假新闻产生的心理原因和防治措施，着重论述虚假新闻对受众认知心理、情绪情感心理和行为心理的危害。

---

① 参见李轫：《虚假新闻处罚中存在的问题——以〈新闻记者〉2001 年～2006 年十大假新闻为样本》，《新闻记者》2008 年第 1 期。

第三节　本书涉及的基本概念与基本理论

一、基本概念

20世纪80年代中期，不少新闻理论界的学者将虚假新闻作为研究对象，探求其发生、发展的规律。这个时期的学者们将虚假新闻笼统地称作“失实新闻”。复旦大学的徐培汀将失实新闻分为两个层次：第一个层次分为“全篇造假”和“浮夸、片面”两大类；第二个层次是在“浮夸、片面”这一大类中分了四个小类，包括捕风捉影、移花接木、以偏概全和报喜不报忧。[①]这种对失实新闻的分类方法是从失实表现入手，新闻失实现象一目了然。但是这五类新闻失实现象不足以覆盖全部的失实新闻，这种分类属于不完全分类[②]，犯了逻辑学中的概念划分不足子项的错误。

有的学者将失实新闻分为事物的现象不真实和事物的本质不真实两类。现象不真实分为：基本事实不真实、部分事实不真实和背景不真实。本质不真实分为：原因不真实和倾向不真实。这种分类方法虽然可以较为全面地概括失实新闻的全部，但是其分类的标准不统一。基本事实不真实和部分事实不真实是按照失实程度划分的，而背景不真实是按照失实内容来划分的。[③]新闻的真实性划分为现象真实和本质真实这一点，并没有为新闻界所普遍接受。如果这种划分本身不够科学，就很难说把失实新闻分为现象不真实和本质不真实是合理的了。这种划分犯了根据不一的逻辑错误。还有的学者将失实新闻的性质分为编造性失实、业务性失实和片面性失实。这三个“性”的标准之间是可以相互交叉的。业务性失实的新闻也可能是片面性失实的新闻。[④]

20世纪90年代的中国新闻界基本上不用“失实新闻”一词来描述非真实的新闻，而换成了“假新闻”一词。有的学者将假新闻分为四个层次：“一般失实、

① 参见涂培汀：《新闻学概论》（讲授提纲），甘肃省新闻研究所《兰州报》编辑部，1982年。

② 参见蒋亚平、官健文、林荣强：《新闻失实论》（上册），中国新闻出版社1986年版，第94页。

③ 参见于宁：《论新闻的真实性》，中国社会科学院新闻系1981年硕士论文，第22页。

④ 参见蒋亚平、官健文、林荣强：《新闻失实论》（上册），中国新闻出版社1986年版，第95、101—110页。

严重失实、基本失实和完全失实。”[①]这种划分假新闻的方法虽然标准统一，但是标准与标准之间的界限比较模糊，“一般”“严重”“基本”和“全部”难以界定。

进入 21 世纪，对虚假新闻概念的界定以杨保军教授的观点为代表。他对虚假新闻的界定虚假新闻分为假新闻和失实新闻。假新闻是没有任何客观事实根源的“新闻”，即假新闻依据的“新闻事实”是想象、臆造、捏造的产物，是通过想象思维虚构的“事实”。“在其‘纯粹’的形式中，假新闻完全不包括一点事实。”因此，假新闻的根本特性是新闻事实源的虚假性。可以简单地说，以虚构出的新闻事实为本源的“新闻”就是假新闻。相对于假新闻而言，失实新闻在性质上还属于新闻范畴，它是对一定新闻事实“残缺”“偏离”“片面”反映报道而形成的新闻。它是指具有新闻事实根据，但却没有全面、正确、恰当报道新闻事实而形成的新闻。假新闻是失实新闻的极端表现。[②]

有人比较恰当地指出：“假新闻全都是失实新闻，可是，失实新闻却不可能全部称作假新闻，只有完全失实和失实占主导地位的新闻才是假新闻。那么鉴别假新闻的唯一标准，就是要看失实的成分是否已经占据决定全局的主导地位，既要从量上考察，更要从质上分析。”[③]这样，在假新闻与失实新闻之间有一个相对比较模糊的或交叉地带，需要我们具体问题具体分析。正是基于这样的原因，笔者认为，没有必要将假新闻和失实新闻分而论之，笼统地将它们一并当作虚假新闻就可以了，这也是目前绝大多数新闻学理论著作中的做法。作为虚假新闻，不管是按照哪种方法将其分类，最终对受众、对社会都会造成负面影响，所以在本书的论述中统一用虚假新闻这一概念。综上所述，虚假新闻概念及分类的研究，在各个时期呈现出不同的侧重点。在本书中，笔者是从传者和受众两个角度来界定虚假新闻的概念的。

二、基本理论

（一）传媒系统依赖理论

传媒系统依赖理论认为，在一个充斥传媒的世界中，人们不得不大量依赖

---

① 叶德本、解守阵：《中外假新闻大曝光》，中国国际广播出版社 1992 年版，第 8 页。

② 参见杨保军：《新闻真实论》，中国人民大学出版社 2006 年版，第 253 页。

③ 同②。

传媒来寻求对各种议题的信息。美国传播学者梅尔文・德弗勒和罗基奇概括了个体与传媒发展“依赖关系”的三种关键途径。首先，传媒提供的信息使我们了解世界，它在“自我理解”的层次上给我们提供关于自身的信息，以获得跟他人解释的同一性。其次，我们在行动或交往上可能需要传媒帮助定向。最后，传媒给我们提供游玩的机会。①

（二）大众传播时代人与环境的互动关系理论

新闻传媒为受众提供了具有强烈现场感的社会认知环境，给受众带来了“身临其境”的体验，因而导致受众很容易混淆媒介环境与客观环境之间的界限。传媒系统依赖理论认为，在一个传媒充斥的世界中，人们不得不大量依赖传媒来寻求对各种议题的信息。受众对媒介信息的接受是基于受众对现实世界的认知，而媒介信息正是受众认知现实世界的重要信息源，受众通过对媒介信息的认知，进而将之转化为现实行动，影响着受众的生活。②

传者以客观物质世界为源，借助文字、图像或声音等符号载体向受众传播媒介信息，寻找能达到一定社会效果和影响的内容，为受众构建相应的“拟态环境”。而受众则在亲身感觉世界的同时，又通过媒介这一渠道获取对于客观世界的认识，“人们通过媒介获得的对于社会真实的认识，是人们关于社会知识的心理结构”，是受众的“心理环境”③。在信息社会，受众越来越多地超越自身狭隘的直接体验，凭借拟态环境来认知社会，认知世界，建构和不断扩展社会认知结构，即心理环境。这种心理环境，既不是客观环境的直接心理映射，也不是拟态环境的简单复制，而是受众根据自己既有的社会认知结构对媒介信息有选择地接受和理解，而得出的“二次加工信息”，是“把别人的报道和我们能够想象的拼凑在一起而成为我们的意见”④（如图 1-5 所示）。

---

① 参见[美]梅尔文・德弗勒、桑德拉・保尔一洛基奇著，杜立平译：《大众传播学理论》，五南图书出版有限公司 1999 年版，第 86 页。

② Richard Jackson Harris: A Cognitive Psychology of Mass Communication, New Jersey: Lawrence Erlbaum Associates Publishers, fourth edition, (1994), p1-4.

③ Richard Jackson Harris: A Cognitive Psychology of Mass Communication, New Jersey: Lawrence Erlbaum Associates Publishers, fourth edition, (1994), p2.

④ [美]沃尔特・李普曼著，林珊译：《舆论学》，华夏出版社 1989 年版，第 50 页。

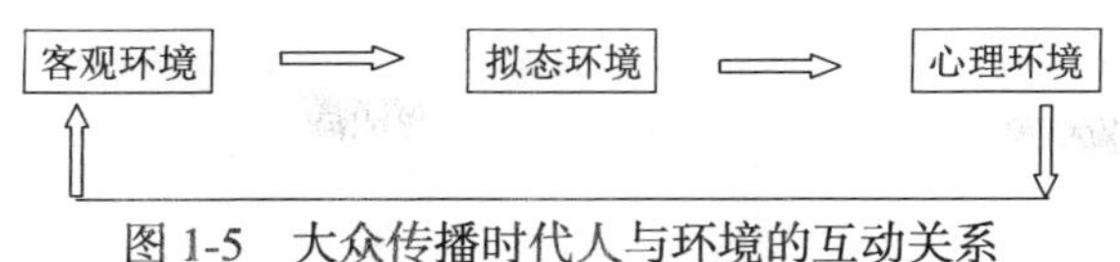

图 1-5 大众传播时代人与环境的互动关系

（三）认知失调理论

认知失调理论是由美国社会心理学家费斯廷格在 1957 年《认知失调理论》一书中提出来的。失调，即认知之间存在着不适合的关系。在两个元素中，如果一个元素紧跟着另一个元素的反面，那么这两个元素处于失调关系之中。他认为，受众认知失调的程度存在如下三种可能性：受众认知心理相对没有失调、中等程度的失调和严重的失调。消除失调意味着恢复一致或调和的状态，有三种方法可以帮助失调者达到这种效果：改变我们的行为，使行为与失调的认知相一致；改变其中的一项认知失调，来为我们的行为寻找理由；添加新的认知，来为我们的行为寻找理由。[①]费斯廷格的认知失调理论对当代社会心理学研究的影响也最为巨大和深远。

（四）涵化理论与议程设置理论

美国著名传播学家 G. 格伯纳教授所倡导的“涵化理论”认为，传媒对受众的思想观念起着潜移默化、耳濡目染的作用。媒介在表层上影响受众的行为方式，深层次则塑造人的社会观念。对大量的电视观众来说，电视实际上主宰和包容了其他信息、观念和意识的来源。所有接触这些相同消息所产生的效果，便是格伯纳等所称的教养作用，或者说教导了共同的世界观、共同的角色观和共同的价值观的作用。[②]该理论认为，传媒在表现客观事件时，同时注入了特定的文化和社会价值取向，受众在接收新闻信息时，会被传媒内容所隐含的文化和价值观“涵化”，形成受众脑海中的“观念（心理）现实”。西方学者认为，媒介涵化创造了一个世界观，这个世界观未必准确，却轻而易举地变成了现实，

---

① 参见[美]利昂·费斯汀格著，郑全全译：《认知失调理论》，浙江教育出版社 1999 年版。

② 参见[美]沃纳·赛佛林、小詹姆斯·坦卡德著，郭镇之、徐培喜等译：《传播理论：起源、方法与应用》，华夏出版社 2000 年版，第 291—296 页。

并基于这样的现实对我们自己的日常生活做出判断。[①]

美国传播学家 M. E. 麦库姆斯和 D. L. 肖提出的议程设置理论认为，大众传播具有一种为公众设置“议事日程”的功能，传媒的新闻报道和信息传达活动以赋予各种“议题”不同程度的显著性的方式，影响着人们对周围世界的“大事”及其重要性的判断。传媒给予的强调越多，公众对该问题的重视程度也越高。[②]

（五）班杜拉的“人—情境”交互理论

美国心理学家班杜拉的社会学习理论认为，人的行为的决定因素，即人的因素和环境的因素不是孤立起作用的，而是“人—情境”相互作用的结果（如图 1-6 所示）。其中，B 表示行为，P 代表人，E 指环境。联系到大众传播活动中，则 B 表示受者行为（学习媒介信息后所产生的行为）；P 代表受者因素（如心理、生理等条件）；E 则指大众传媒信息所营造出的一种整体的精神环境和舆论氛围。由此，我们可以得出如下结论：受者行为的产生是某个体因素与媒体环境交互作用的结果。而且，不同的场合对不同的行为是各不相同的，有时候环境因素对行为产生强大的制约作用。[④]

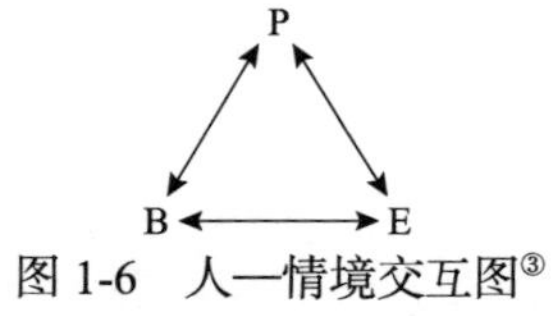

图 1-6 人—情境交互图[③]

（六）流言传播的公式理论

传播学者奥尔波特和波斯特曼曾提出一个著名的关于流言传播的公式：

$$R=I\times A/C$$

其中，R 是指流言，I 是指所传流言对传者的重要程度，A 是指所传流言的模糊度，C 是指公众对待流言的批判能力。[⑤]用文字表达为：公众愈认为重

---

① 参见[美]斯坦利·巴兰、丹尼斯·戴维斯著，曹书乐译：《大众传播理论》，清华大学出版社 2014 年版，第 317 页。

② 郭庆光：《传播学教程》，中国人民大学出版社，1999 年版，第 214 页。

③ 参见高觉敷：《西方心理学的新发展》，人民教育出版社 1987 年版，第 45 页。

④ 同③。

⑤ Allport，Gordon W. : The Psychology of Rumor, New York: Henry Holt, (1947), p133-135.

要的信息，同时愈感到模糊不清的信息，传播得愈快愈广；而若公众的批判能力愈强，则这些信息的传播量便愈稀少。这个公式对于大众传播媒介引导信息形态舆论，提供了基本的思路，同样也为虚假新闻传播后的应对措施提供理论指导。

虚假新闻传播后，如果政府和媒介能够及时提供受众认为重要的但又不太清楚的信息；如果政府和媒介对于受众正在传播的不够清晰的信息，及时提供准确而清晰的信息；如果当不利于社会稳定的信息形态的舆论流动时，政府和媒介能够公开地、及时地澄清问题，并提供认识问题的方法（即提供一种批判能力），那么便能使虚假新闻传播后给受众心理所带来的负面影响最小化，在最短的时间内提供真实信息而扼杀虚假新闻。[①]

第四节 理论框架与研究方法

一、理论框架

本书的理论框架采用的是心理学中人的心理现象（活动）中人的心理过程构成。心理学认为，人的心理现象（活动）包括三部分：心理过程、个性心理和心理状态。人的心理过程构成又包括人的认知过程、情绪情感过程和行为过程。

传播学者拉维奇和斯坦纳于 1961 年提出了“传播效果阶梯模式”，其框架如图 1-7 所示。[②]这个模型分六个步骤，每一步都必须在上一步完成的基础上才能进行。六个步骤可以归纳为三个方面或范畴[③]：认知、情感、意愿。认知是关于我们对事物的知识，情感是关于我们对事物的态度，意愿是关于我们对事物采取的行为。

---

① 参见屈志坚：《从假新闻的出笼看把关人的缺位》，《传媒观察》2007 年第 9 期。

② R.Lavidge and G.A.Steiner：“A Model for Predictive Measurements of Advertising Effectiveness”. The American Marketing Association Journal of Marketing, (1961), 25(61).

③ 参见[美]沃纳·赛佛林、小詹姆斯·坦卡德著，郭镇之、徐培喜等译：《传播理论：起源、方法与应用》，华夏出版社 2000 年版，第 14—15 页。

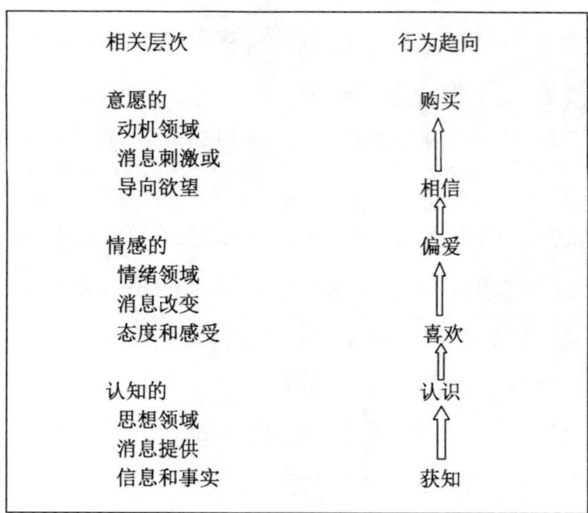

图 1-7　传播效果阶梯模式

从拉维奇和斯坦纳的“传播效果阶梯模式”中，我们可以看到虚假新闻对受众心理的危害由三个部分组成（如图 1-8 所示）：虚假新闻对受众认知方面的危害包括导致受众产生认知失调和认知偏差；虚假新闻对受众情绪情感方面的危害包括导致受众产生负性情绪、逆反心理和对受众道德情感的危害；虚假

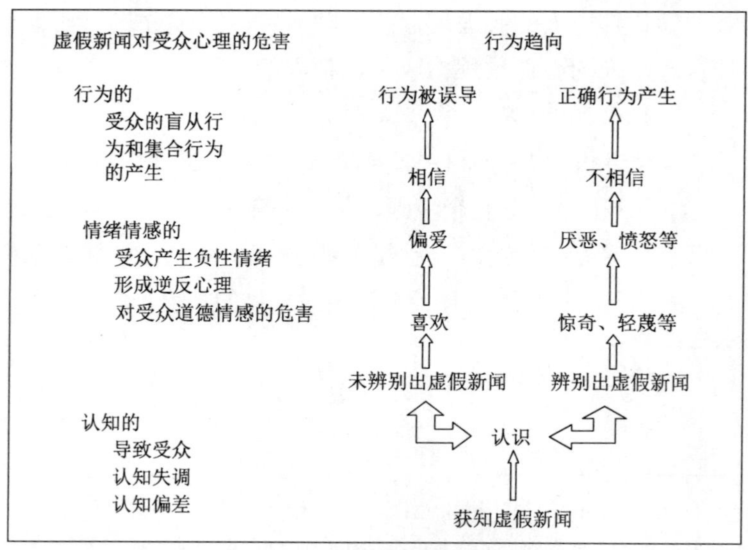

图 1-8　虚假新闻对受众心理的危害

新闻对受众行为的危害包括对受众行为的误导，集中表现为导致受众盲从行为和集合行为的产生。受众从大众传媒中获知虚假新闻后，对虚假新闻的认识出现两种情况：不能辨别出虚假新闻和能辨别出虚假新闻。对于不能辨别出虚假新闻的受众来说，因他们无法分辨出信息的真伪，误把虚假新闻当作真实的新闻信息接受，所以在情绪上产生对虚假新闻的喜欢或偏爱，并对传者或虚假新闻所报道的内容持相信的态度，最终导致自身的行为被误导；而对于能够辨别出虚假新闻的受众来说，因他们能够分辨出信息的真伪，所以会对虚假新闻产生轻蔑、厌恶愤怒等负性情绪，并对传者或虚假新闻所报道的内容持不相信的态度，最终不会被虚假新闻所误导，而是产生正确行为。

二、研究方法

本书以问题为导向，在研究方法的选择时主要考虑问题解决进程的实际需要，总体上是“定量研究方法与定性研究方法相结合，以定性研究方法为主”。其中主要研究方法有如下几种：

（一）文本分析法

本次研究的文本资料包括：学术论著；报刊、杂志、电视节目、互联网资料；中国学术期刊网上提交的论文 596 篇及优秀硕士、博士论文 52 篇；《新闻记者》2001 年至 2010 年连续 10 年评选的“十大假新闻”和 2011 年至 2016 年连续 6 年推出虚假假新闻研究报告（2011 年为虚假新闻病理分析报告）。通过对文本资料的认真分析，建立对于大众传媒虚假新闻报道文本的总体认知，包括中国新闻史上虚假新闻传播的几个典型时期的历史梳理和新时期虚假新闻传播的特点。

同时通过了解相关的研究动态，使用心理学、社会学和传播学中关于传播效果研究的相关理论、概念，具体问题具体分析，尽量条理化地概括和描述虚假新闻传播对受众认知、情绪情感和行为的负面影响。

（二）访谈法

深度访谈是一种直接的、个人的访问，可以掌握访谈对象对问题的潜在动机、信念、态度和感情，可以获得比较深入全面的心理资料，适合了解一些复杂的问题。为此，笔者从 2008 年 3 月后开始陆续对传者和受众进行深度访谈。

虽然本研究的立足点是受众心理，但是鉴于虚假新闻传播是一个从传者到受众的相互连贯的过程，因此对传者的深度访谈能使本研究更加完整。考虑到不同媒体的性质、定位、受众对象有所不同，笔者分别对北京的新华社和《中国证券报》、《体坛周报》，广西的广西卫视，湖南的《今日女报》和广东的大洋网网站的传者进行个别访谈。访谈内容主要涉及传者制造虚假新闻的动机和防治虚假新闻的传者心理对策等，为本书第三章和第七章的写作奠定了基础。这 6 名传者的年龄和职务分布情况如下：年龄在 30 岁以下的有 2 人，31—40 岁的有 2 人，41—50 岁的有 1 人，50 岁以上的有 1 人；记者有 3 人，编辑有 3 人。

笔者对受众也进行了深度访谈，以期了解虚假新闻传播后对受众认知、情绪情感和行为心理的危害。对这些受访者的选择包括不同年龄层次、不同性别、不同学历、不同职业。通过对他们多次、单独或者小团体地访谈，得以搜集整理出大量相关心理资料，注意提取具有普遍意义的信息进行归纳、总结分析，为其寻找对应的心理学和传播学理论论述，为进一步研究设定研究范围，同时也为本书的重点部分第三章、第四章、第五章的写作奠定基础。

（三）问卷调查法

问卷调查法主要是为了了解受众对虚假新闻的看法和虚假新闻传播后对受众心理的负面影响。本研究采取网上问卷和网下（传统）问卷调查相结合的方式进行问卷调查。这样既保证了网上调查的方便、快速、节约费用的优点，同时又提高了样本的代表性和准确性。这种方法既具有传统方法可以利用概率样本对总体进行估计和推断的优点，又兼有网上调查方便快速的优点。在收集到相关的数据后，笔者对这些数据进行了统计分析。统计分析的结果用于对本研究观点的支持。

（1）网上问卷调查法。笔者通过网上调查问卷的方式，历时半年之久，共回收有效问卷 1028 份，这些数据为本研究提供了重要的支持。本次研究的网上发放问卷采取了有效的邀请方式，其中包括：电子邮件 E-Mail 调查；QQ 和 MSN 即时通信工具的传递；QQ 空间、5460 中国同学录和个人博客的问卷发放；不同职业、不同年龄群体的专业网站、天涯网站和 BBS 论坛上问卷的发放。网上问卷调查对象年龄分布如表 1-1 所示，网上问卷调查对象的媒介接触情况如表 1-2 所示，网上问卷调查对象的性别和学历分布情况如图 1-9、图 1-10 所示，网上问卷调查对象的职业、所在地分布情况如图 1-11、图 1-12 所示。

表 1-1 网上问卷调查对象年龄分布表

年龄（岁）	20 岁以下	20—29 岁	30—39 岁	40—49 岁	50—59 岁	60 岁及以上
比例（%）	9.9	36.7	20.3	15.3	10.4	7.4

表 1-2 网上调查对象接触媒介的时间情况表

时间	2 小时以下	2—4 小时	4—6 小时	6—8 小时	8 小时以上
比例（%）	63.04	28.79	4.28	1.75	2.14

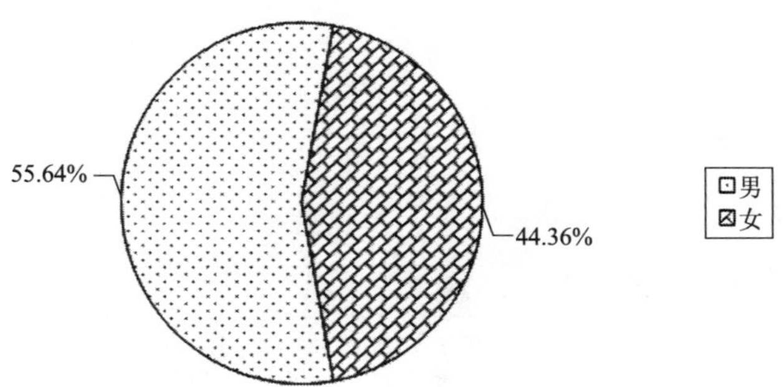

图 1-9 网上调查对象的性别情况分布

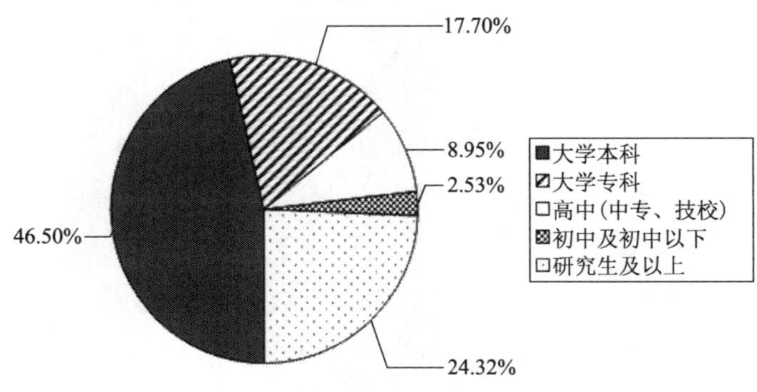

图 1-10 网上调查对象学历情况分布

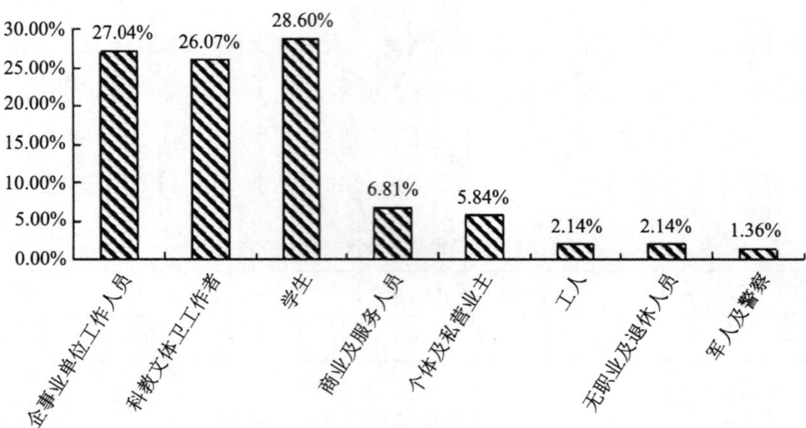

图 1-11 网上调查对象的职业情况分布

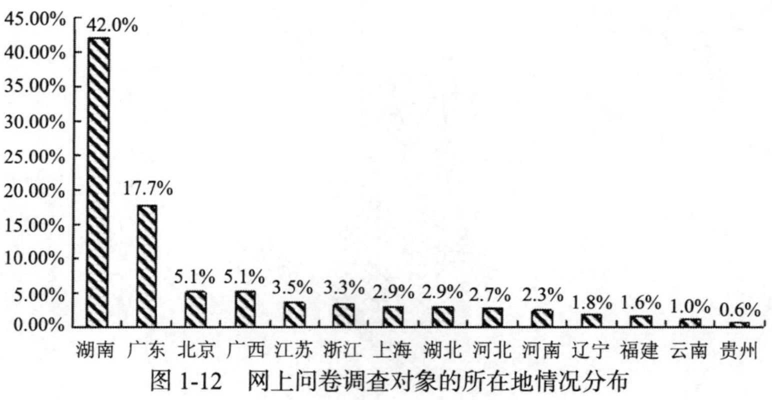

图 1-12 网上问卷调查对象的所在地情况分布

（2）网下（传统）问卷调查法。由于笔者是自费进行调查，经费和时间有所限制，在全国范围内进行大规模的受众调查不太现实，最后决定问卷抽样只针对大学生进行。出于便利性考虑，本研究的抽样选择在湖南工业大学、广东工业大学和湖南理工学院进行。在便利抽样的同时，还要考虑到抽样对象所学专业和男女比例的不同。于是本研究采用分层结合配额抽样的方式发出问卷1500 份，由于事先争取到了相关高校老师的配合和支持，因此问卷回收率高达 97.73%，共计 1426 份。通过筛选，获取有效问卷 1368 份。

笔者首先对三所学校按照院系数量进行分层，然后按照三所学校男女性别比例（约为 3∶2）、各学校学生数量和大一到大四四个年级进行配额，具体配额情况如表 1-3 所示，网下问卷调查对象的媒介接触情况如表 1-4 所示。

表 1-3 网下调查学校名单及样本分布表

学校	所在城市	院（系）数量	全日制在校学生数量（万人）	发放问卷（份）	回收问卷（份）
湖南工业大学	湖南省株洲市	13 个院	约 1.4	273	260
广东工业大学	广东省广州市	17 个院	约 4.5	876	834
湖南理工学院	湖南省岳阳市	18 个系	约 1.8	351	332

表 1-4 网下调查对象接触媒介的时间情况表

时间	2 小时以下	2—4 小时	4—6 小时	6—8 小时	8 小时以上
比例（%）	73.08	22.72	3.07	0.92	0.20

第二章　虚假新闻传播的表现及传受者心理特点分析

第一节　虚假新闻概念的界定及分类

一、虚假新闻概念的界定

新闻的本体是真实的事实。新闻本体在主客体相互作用下，被受众体会到事实的真相，一般有两重含义：第一重含义是指新闻对所报道的事件、人物、思想观点，在细节上都必须准确可靠；第二重含义是指准确地报道全面的事实。新闻没有或者缺少事实概貌的真实，便不能指引受众正确认识生活，看清事实的发展轮廓。[①]阴卫芝博士认为，新闻媒体要追求真实，是新闻职业价值的所在。对真实和事实的认知与描述，却与人们自己的价值追求、价值判断之间，即“实然”与“应然”之间，总是存在着一定的差异甚至对立。这种差异构成了人类思想和实践中一个普遍性的矛盾即事实与价值的冲突。由于有价值因素的介入，抽象的“全面真实”要求，就会必然地分解成一系列现实的、具体的真实及其价值之间的选择问题。这些问题涉及贯彻真实原则时所面对的价值选择。就是说，在新闻报道中，“真实”并不纯粹是一个“实然”如何的问题，相反在一定意义上，新闻恰恰从来也不回避“应然”的主体性价值选择。也就是说，新闻报道的真实不同于科学描述或科学研究的真实，在新闻报道中，永远会有一个“对谁来说的真实”或“提供谁需要的真实”的问题。[②]

从以上论述我们可以看出，新闻真实性的定义应涉及三个方面的范畴：事实、传者和受众。同样道理，本书拟从传者和受众的角度对虚假新闻的概念进

① 参见刘建明：《媒介批评通论》，中国人民大学出版社 2001 年版，第 193 页。

② 参见阴卫芝：《主体性真实：公正的真实与全面的真实》，《国际新闻界》2008 年第 4 期。

行外延上的拓展，包括三个方面的范畴：事实、传者和受众。陆定一先生认为新闻是“对新近发生的事实的报道”，即新闻的第一要义就是要用事实说话，新闻既然是事实，就必须具有真实性。徐宝璜先生也曾说：“新闻者，确实者也，凡不确实者，均非真正新闻。”因此，真实是新闻的首要特性和最基本特征。

“假”在《辞海》中的解释是“不真实的，不是本来的”，与“真”相对。“虚”者，“不实”之谓也，“假”者，即为“不真”。“虚假”，就是不真、不实的东西。①杨保军教授认为：新闻真实论中的真相是指真实表现了一定对象实际情况或本质的现象，因此，真相和本质是一致的；假相则是指没有真实表现一定对象实际情况或本质的现象，相反，假相是那种遮蔽了、掩盖了一定对象实际情况的现象，因此，假相和本质是不一致的。新闻与事实的符合总是有限度的符合，新闻真实是一种有限度的真实。追求事实上的可证实性，是新闻真实符合论的突出特征。任何一条新闻面对的都是具体的事实，事实真相永远是新闻存在的根。得不到证实的新闻，就不是新闻。②笔者认为，虚假新闻是指与事实的本质不相符合的报道，即新闻报道者离开新闻赖以产生和依存的客观事实，任意凭着个人或者组织的主观愿望、意志去报道新闻。从传者的角度看，虚假新闻是指传者因故意或过失的造假行为而产生的与客观事实不一致的报道；从受众的角度看，虚假新闻是指对受众身心健康产生一定危害的报道。

二、虚假新闻的分类

本书将虚假新闻分为三类。在对虚假新闻分类时，笔者着重考虑如下几个因素：一是能够概括全部虚假新闻的现象；二是便于分析传者制造虚假新闻的原因；三是受众辨别虚假新闻的难易程度；四是虚假新闻对受众心理危害程度的大小；五是有助于防治虚假新闻。

（一）故意虚假新闻和过失虚假新闻

按传者制造虚假新闻的心理动机，从性质上笔者将虚假新闻分为两类：一

① 参见郑保卫：《提倡“从我做起”治理虚假报道》，《当代传播》2005年第11期。

② 参见杨保军：《如何理解新闻真实论中所讲的“符合”》，《国际新闻界》2008年第5期。

类是故意造假；另一类则是过失造假。故意造假是指报道者明知“新闻事实”是捏造的、不真实的、不全面的，而有意为之或有意放任之使其产生。故意造假是新闻工作者和传媒因为过分追求名利或出于某些目的，有意杜撰、捏造的。从新闻传播内部来说，这是新闻职业道德的缺失或败坏。过失造假则是意欲传播真实、全面的信息，由于认识或行为上的失误，而造成某种不真实和片面性的报道，即报道者在不知情的情况下，把虚假“新闻事实”当作真实的新闻事实加以报道而形成的假新闻。过失造假大多是新闻工作者本身受知识、情感和经验等因素的限制，对新闻事件和信息缺乏正确的识别水平和判断能力，不能客观、全面、辩证地看问题而导致的新闻失实。①

一般说来，故意制造虚假新闻事实者通常都是恶意的造假者。②“捏造是为了达到某种不可告人的目的而故意歪曲事实，提供使人受骗上当的虚假信息。假统计资料、假报告、假材料等，都是捏造的产物。一切污蔑不实之词，莫须有的罪名，诬告与谣言，浮夸之风，都是凭借捏造而兴风作浪的。”③而非故意报道（不知情的报道）虚假新闻事实者则不是恶意的造假者。“故意制作而成的假新闻”，往往杜撰事实，或在报道中人为改变事实真相、虚构情节，故不宜视之为一般失实报道。“并非故意却有所失实的新闻”，多为与事实、与报道对象实际情况不相吻合的新闻。它们不符合新闻真实性的要求，与有意而为的虚假新闻具有同质的一面，对此应严加防范，但它又有别于故意制作的虚假新闻。区别在于：报道者故意制作虚假新闻，已越过新闻伦理底线，往往有所图谋，情节也较为恶劣。而过失性虚假新闻的报道者，情况不一，或并无所图，属失察的范畴；或心存疑问而又疏于多源求证，未能避免失实。

作为虚假新闻，它们的传播效应都是不良的，这并不会由于传者动机的不同，在传播效应上有什么质的不同。由于故意性虚假新闻的主观恶意性，使得这类新闻的造假原因一旦被公众获知，必然会引起对新闻媒体和相关责任人的激烈批评，也必然严重损害媒体、相关个人以至整个新闻传播界的形

① 参见唐建英：《虚假新闻与传媒自律的思考》，《中国青年政治学院学报》2008 年第 1 期；丁柏铨：《新闻传播中的隐性失实》，《新闻传播》2004 年第 11 期；杨保军：《假新闻、失实新闻内涵辨析》，《今传媒》2008 年第 3 期。

② 参见高帆：《虚假论——真实背后的理性沉思》，辽宁人民出版社 1994 年版，第 3 页。

③ 文援朝：《超越错误》，中南工业大学出版社 1995 年版，第 32—33 页。

象和信誉。根据报道者的主观故意性，故意造假新闻的主要原因，从新闻传播内部来说，乃是新闻职业道德的失落或败坏；而过失性虚假新闻的主观非故意性，说明它的主要原因可能在于报道者的知识素养不够，工作作风较差。故有必要对以上两类虚假新闻加以一定的区别，以便从法律的角度对其采取相应的处罚措施。

（二）隐性虚假新闻和显性虚假新闻

陈力丹教授认为新闻的真实与实际的事实之间存在着一定的距离，他提出从认识论的角度来看新闻的真实性。[①]新闻的真实性是事实或随着事实发展的真实，它表现为一个认识过程。新闻报道通常要随着事实发生的过程同步或相对同步，新闻时效和新闻真实性的矛盾是通过马克思所说的“报纸的有机运动”解决的。这样，在有机的报纸运动下，全部事实就会完整地被揭示出来。[②]受众对虚假新闻的认识同样也表现为一个过程。相当多的新闻需要受众经历一定的时间和空间，或需要从多方面多角度思辨，最后才能辨别出新闻的真假。然而囿于自身的世界观、思维方式、知识结构、人生信仰等的限制，受众对新闻信息的筛选、理解和确认会受到影响，因此可能在一定的时空领域中不能识别出假新闻。

按照受众对虚假新闻的认识程度，笔者将虚假新闻分为隐性虚假新闻和显性虚假新闻。隐性是指“性质或性状不表现在外的特性”[③]。在显性虚假新闻中，虚假呈明显态，容易被察觉；而在隐性虚假新闻中，虚假则呈隐蔽态，受众根据自己的阅读经验往往难以明察，或者不作深入思考就难以发现其虚假之处。[④]隐性虚假新闻，是指新闻传媒刊播新闻信息时出现的具有一定隐蔽性的虚假，这种虚假状或隐伏得比较深（是深层次的），或出现在隐微处（并不引人注目），因而不易为大多数受众所识别。

虚假新闻的显性和隐性之分，是相对的，有时并不表现得泾渭分明。其相对性表现在如下两个方面：一是虚假新闻的显隐之分，互为参照，在比较之中

---

① 参见陈力丹：《陈力丹自选集——新闻观念：从传统到现代》，复旦大学出版社 2004 年版，第 47 页。

② 参见《马克思恩格斯全集》第 1 卷，人民出版社 1956 年版，第 211 页。

③ 《现代汉语词典》第五版，商务印书馆 2005 年版，第 1629 页。

④ 参见丁柏铨、周楠：《新闻报道中隐性失实的成因及规避（上）》，《新闻与写作》2004 年第 9 期。

存在；二是在不同的受众面前呈现其相对性，某些虚假新闻，在一部分不了解情况且缺乏辨别力的受众那里，表现得相当隐蔽；而在了解情况或辨别能力较强的受众面前，则难言隐蔽。[①]隐性虚假新闻的隐蔽性是相对的。具有广阔知识面和很高综合素质的受众，总是可以通过一定的途径或知识经验的积累发现虚假新闻，此时，隐性虚假新闻也就无隐蔽性可言了。

虚假新闻的显与隐，区别在于大多数受众是否易于察觉。某些隐性的虚假新闻，新闻报道并非完全无中生有，它的基本内容也的确并不全部来自向壁虚构、闭门造车。它往往是在一些基本事实的基础上，加入一定的主观臆断的成分，想当然地对现有事实加以延伸和扩展，或者过于武断地对于事件的未来与结局给出似是而非的预测和推断。而这种被主观强加上的内容，又往往是不容易被一眼看透的，有的甚至还在一定程度上迎合了受众的某种心理期待。[②]隐性虚假新闻有一定的隐蔽性，较之显性虚假新闻更具危害性，应该引起人们足够的重视和警惕。

（三）高度危害性虚假新闻、中度危害性虚假新闻和轻度危害性虚假新闻

大众传播对个人的影响可以分为不同的层次。如果仅影响到感觉和知觉，那属于浅层次的影响；如果进一步影响到了思维和情感，那就属于中层次的影响；而如果更进一步影响到了意志、个性心理品质、价值观念等深层次内化的方面，那就属于深层次的影响。[③]

根据虚假新闻对受众身心健康和社会造成的危害程度，笔者将其划分为：轻度危害性虚假新闻、中度危害性虚假新闻和高度危害性虚假新闻。轻度危害性虚假新闻是指对受众的心理危害程度只影响到了认知层面（如感觉和知觉），对社会造成时空领域较小影响的危害；中度危害性虚假新闻是指对受众心理的危害程度影响到了思维、情绪情感方面，对社会造成了时空领域较大影响的危害；高度危害性虚假新闻是指对受众心理的危害程度不仅达到了认知、情绪情感层面，而且对受众的行为甚至意志、价值观等深层次方面造成了危害，这类

---

① 参见丁柏铨：《关于虚假新闻、“隐蔽性失实”及其他——兼与吴强先生商榷》，《新闻记者》2007年第12期。

② 参见郝雨、马蕴：《新闻报道中的隐蔽性失实》，《新闻记者》2007年第3期。

③ 参见李伟民、戴健林：《应用社会心理学新论》，人民出版社2006年版。

虚假新闻对社会造成了恶劣影响，影响的持续时间长或地域广等。

一般说来，故意性虚假新闻对受众和社会的危害程度比过失性虚假新闻对受众和社会的危害程度要高。当然，高度危害性虚假新闻、中度危害性虚假新闻和轻度危害性虚假新闻三者之间难于界定，界限比较模糊，还有待于进一步深入的探讨。

第二节　从历史维度考察虚假新闻传播的典型时期及传受者的社会心理变化特点

在漫长的人类新闻传播过程中，始终存在着传播信息中真与伪的较量。坚持新闻的真实性，这也是无产阶级新闻事业的基本原则之一。在党的新闻史上，新闻造假现象早已存在，而且一直难以根绝，给党的事业造成了严重的危害。为反对假新闻、维护新闻真实性，党领导新闻工作者进行过多次反对虚假新闻的斗争。分析历史是为了认识现实，我们有必要系统地考察党的新闻史上的虚假新闻现象，这将有助于我们研究当前的虚假新闻现象，也有助于对虚假新闻的综合治理。

一、我国新闻史上虚假新闻传播的五个典型时期

自 1942 年延安整风时期至改革开放时期，中国共产党主要进行了五次大规模的“打假”斗争，显示出对维护新闻真实性的高度关注和鲜明态度。笔者选取了中国新闻史上虚假新闻传播的五个典型时期进行分析。

（一）全面抗战时期，反对宣传工作中的主观主义和以党八股为中心内容的整顿学习

1942 年延安整风时期，由于受资产阶级新闻思想的影响，延安《解放日报》曾经出现几起新闻失实现象。例如，1941 年 9 月 4 日，《解放日报》刊登的新闻《富县城内家家户户纺纱声》，实质上是消息内容纯属子虚乌有。1942 年 11 月 17 日，《解放日报》发表《给党报的记者和通讯员》的社论，指出：“我们的消息有时曲解事实，把残酷的战争描写成游戏，把个别的现象夸张为整体

的现象；完全与事实不符的吹牛皮，把庄严重大的事情写成琐屑小事而减低其意义，捕风捉影地乱批评乱赞扬，以致损伤党报的威信。”其原因是“资产阶级报纸的影响，主观主义的作风”。

1943 年 9 月 1 日，陆定一发表《我们对于新闻学的基本观点》一文，从理论上系统地批判了唯心主义新闻观，阐明了唯物主义新闻观。1945 年 3 月 23 日、12 月 13 日，《解放日报》分别发表《新闻必须完全真实》《从五个 W 说起》等社论，再次强调“向壁虚构”“分寸上的夸大”“用写小说的集中典型的手法”，出发点虽然是“赞扬工农兵的事业”，但“也会影响报纸的威信”，仍是失实、虚假新闻。[①]延安时期出现大量虚假新闻的一个主要原因：队伍素质参差不齐，即由于新近加入的“新闻大军”对新闻真实性的原则不甚了解而造成的。

（二）解放战争时期的反“客里空”运动

1947 年解放战争时期，正当解放区的新闻事业蓬勃发展之际，在晋绥解放区的土地改革宣传中，出现了一些不真实、虚假、颠倒是非的报道，过分渲染地主“献地”“拥护土改”等虚假现象，报纸上表扬的英雄人物，有些是凭空捏造的。有的记者在报道中捕风捉影、移花接木，甚至明显地歪曲事实。这一时期，《晋绥日报》对失实新闻的揭露比较彻底。

《晋绥日报》发起了反对“客里空”的运动，开始检讨新闻报道失实的问题。客里空是苏联剧本《前线》中的一个惯于造假的记者。《晋绥日报》转载了《前线》剧本，介绍了这个剧本的内容，自上而下，从编辑到记者，普遍地发动了群众性的对失实新闻的检查和批评，借“客里空”这个名字和他的所作所为来反对新闻报道中弄虚作假的现象。1947 年 6 月 25 日至 27 日，《晋绥日报》以《不真实新闻与“客里空”之揭露》为题，公开揭露了 13 条失实新闻，一些记者、作者和通讯员也相继对自己采写稿件的失实之处作了自我揭露与检查。当时，新华总社把这些失实新闻分为四种类型：一是新闻工作中的阶级立场问题；二是写作上凭空制造“英雄模范”；三是采访上的道听途说，捕风捉影；四是编辑工作中毫无根据的任意删改，译电、校对等工作中马马虎虎的作

① 参见卢春文、尹雪：《我党我军新闻史上的四次“打假”》，《军事记者》2005 年第 9 期。

风。[①]1948 年 4 月 2 日，毛泽东同志接见晋绥日报编辑部人员，作了详细谈话，即《对晋绥日报编辑人员的谈话》一文。

解放战争时期，从《晋绥日报》开始，后来推广到所有解放区的大规模的反“客里空”运动，是中国新闻史上前所未有的反失实运动。它对当时的失实新闻作了比较彻底的清算，进行了一次深刻的新闻真实性教育，对坚持真实性原则、防止报道失实起了很好的作用。[②]

（三）“大跃进”时期的浮夸新闻

1958 年“大跃进”时期，报道钢铁产量翻番、小麦、水稻高产放卫星的浮夸新闻风靡一时，充斥新闻媒体。[③]浮夸，是“大跃进”时期新闻失实的主要特点。1957 年反右扩大化，把许多善意地帮助党进行整风，直言不讳地提出中肯批评意见的党内外人士打成了右派。在新闻界，主张真实地反映情况也成了“右派言论”。不少记者由于写过内参，向中央反映下面存在的一些问题，被打成右派，开除党籍，开除公职，下放劳动。党内外出现这样的心理：讲成绩比讲缺点好，多讲成绩比少讲成绩好，出现了许多不顾基本常识的浮夸新闻。

（四）“文化大革命”时期的新闻造谣

在“文化大革命”中，新闻机构被林彪、“四人帮”把持，成为他们颠倒是非、混淆黑白、篡党夺权的舆论工具。“四人帮”提出事实要服从路线的需要，这样的理论导致了造谣新闻的泛滥。“四人帮”手里的典型都是“高大全”的“万能典型”，谁要是指出典型有什么不足，就有“砍旗”之嫌。随着政治气候的变化，这些典型可以生出各种不同的经验。“文化大革命”中流行的做法，不是去实实在在地调查研究一番，而是随心所欲地“贴标签”。“贴标签”成了那个时期新闻的一大特色，而其中大量的“标签”完全把事实颠倒了。[④]1974 年，在“四人帮”的御用写作班子“梁效”选编一份学习材料时，江青对他们

---

① 参见蒋亚平、官健文、林荣强：《新闻失实论》（上册），中国新闻出版社 1986 年版，第 60 页。

② 参见蒋亚平、官健文、林荣强：《新闻失实论》（上册），中国新闻出版社 1986 年版，第 6—7 页。

③ 参见叶德本、解守阵编著：《中外假新闻大曝光》，中国国际广播出版社 1992 年版，第 95 页。

④ 参见蒋亚平、官健文、林荣强：《新闻失实论》（上册），中国新闻出版社 1986 年版，第 80—81 页。

说："材料要从斗争需要出发，不是从有什么材料出发……应该有什么题目，然后寻找材料，这样材料的运用就活了。这就叫事实为政治服务。"[①]

（五）拨乱反正时期到改革开放时期的虚假新闻

十一届三中全会后，全党开展"实践是检验真理的唯一标准"的大讨论，在新闻宣传领域深入开展"从'假'字开刀，整顿以假大空为特征的'帮八股'文风"的运动，党的新闻事业实事求是的优良作风才得到恢复和发扬。《解放军报》在这场斗争中当先锋、打头阵，起了很好的作用。从1977年10月开始，《解放军报》先后在头版显著位置发表三篇《从"假"字开刀整顿文风》的编者述评文章，公开揭露了一张假照片。1980年11月，《解放军报》又开辟《揭露假报道，抵制浮夸风》专栏，公开把9篇假新闻及其作者一起曝光，在全军新闻工作队伍中引起极大震动，产生了良好影响。党的十一届三中全会以来，经济报道的比例大幅度增加，反映了党的工作重点的转移，反映了全国人民的注意力集中在实现"四化"上。但是新闻报道的版面安排并没有完全做到从社会实际出发，仍然带有不少的主观色彩。这一段时期的虚假新闻主要分为三类：编造性失实、业务性失实和片面性失实。[②]

改革开放以来，伴随着以经济建设为中心的国策的确立，中国传媒实务界加快了产业化和集团化进程。从1979年开始，以人民日报社为首的7家在京全国性主要报社率先实行"事业单位企业化管理"制度，标志着中国传媒业从计划经济时代的国家行政事业体制转变成"事业单位企业化管理"的双轨制。从1992年确立市场经济体制至今，中国传媒产业经营政策明显由"事业单位企业化管理"双轨制向"自主经营、自负盈亏、自我约束、自我发展"的产业化发展道路转变，中国传媒进入产业化发展阶段。[③]这就意味着，传媒不仅担负着促进社会主义市场经济发育的政治责任，其自身也要成为社会主义市场经济不可或缺的有机组成部分。新闻工作者肩负着重大的社会职责，实行经济效益和社会效益"两手抓"，并且必须把社会效益放在第一位。

20世纪90年代，我国新闻事业在获得大规模发展的同时，商业化的侵蚀

① 华翔：《权力实用主义的自供状》，《光明日报》1978年5月2日。

② 参见蒋亚平、官健文、林荣强：《新闻失实论》（上册），中国新闻出版社1986年版，第101—110页。

③ 参见周茂君：《我国传媒产业经营政策及影响》，《武汉大学学报（人文社科版）》2001年第2期。

给媒体和从业者带来的负面效应呈日趋严重的局面。走向市场的传媒业面临着新闻道德滑坡和两个效益相矛盾的考验。[①]在市场经济的条件下，受众的需求、兴趣爱好等，也会影响媒介和记者，进而影响新闻的真实性，如某些虚假新闻是为了一味地迎合受众的猎奇、煽情、偷窥等心理而产生。1994 年新闻出版署报纸管理司主办的一期《中国报纸月报》，披露了 1993 年报纸 10 条虚假新闻，并把报社名称、作者予以曝光，如《两司机拾遗多方觅失主，三十万元巨款不贪占》《高考试卷诈骗案引起的悲剧》等虚假新闻。[②]

二、虚假新闻与传者的社会心理变化特点

（一）20 世纪 80 年代前，部分传者制造虚假新闻的重要原因之一：迎合政治气候

中华人民共和国成立后到 20 世纪 80 年代前，受众并不像今天这样具有独立的主体性，他们更多的是单纯的、被动的宣传对象，新闻媒体所要考虑的主要是及时传达“上面”的观念和意图，而很少考虑“下面”的接受心理。[③]1957 年至 1976 年，这 20 年的新闻把“假大空”表现到极致，“客里空”甚至成了一种整人的手段、一种愚民的宣传。这就造成了社会信息传播系统的一种恶性循环。[④]马克思说：“不真实的思想必然地、不由自主地要伪造不真实的事，因此也就会产生歪曲和撒谎。”[⑤]整个十年动乱中不堪回首的新闻宣传，正是 20 世纪六七十年代这段时间里中国特有的“不真实的思想”，通过一种特定的政治体制、新闻体制而出现的必然现象。严重的大面积的新闻失实，显然不能只用某些记者个人的采访作风、思想作风上的原因来解释。

（二）20 世纪 80 年代后，部分传者制造虚假新闻的重要原因之一：迎合受众、追求私利

拨乱反正后尤其是改革开放以来，随着传媒被推向市场和新闻改革的深

---

① 参见雷跃捷：《媒介批评》，北京大学出版社 2007 年版，第 224 页。

② 参见马立诚：《新闻也要打假》，《人民日报》，1994 年 1 月 23 日。

③ 参见陈龙：《媒介批评论》，苏州大学出版社 2005 年版，第 377 页。

④ 参见田中阳、刘丹：《对“客里空”的历史辨析》，《湖南科技大学学报（社会科学版）》2007 年 9 月。

⑤ 转引自蒋亚平、官健文、林荣强：《新闻失实论》（上册），中国新闻出版社 1986 年版，第 177 页。

入，传媒逐渐回归其新闻的本质属性。这主要表现在新闻传媒的其他诸如信息传播、文化服务等功能被重新认识和受到高度重视，并形成了以信息服务为主导的传媒实际操作思路。从传播观念上讲，对新闻媒介的定性开始由单一逐步走向多元，媒介的功能向信息传播、文化服务等多种职能转变。这反映了传播主体认识的提高和思想观念的巨大变革。与传媒定性多元相适应，中国传媒开始把受众作为传播信息的出发点和归宿。

20 世纪 80 年代后，传者制造虚假新闻的目的更多的是出于经济利益和个人私利。由于传媒在传播活动中放弃自身社会责任、片面迎合部分受众的低级趣味，不惜制造一些所谓“热点”的虚假新闻。这一时期虚假新闻的批量出现在于记者或编辑选择新闻的标准不是“以事实为向心”，而是“以赢利为向心”。这些虚假新闻的共同特点是：迎合受众、追求猎奇、刺激。近年来，报刊竞争日趋激烈，一些报刊编者社会效益观念淡薄，为追求经济效益和知名度，热衷于“热点新闻”和“轰动新闻”，从而使虚假新闻得以出笼。

三、虚假新闻与受众的社会心理变化特点

（一）20 世纪 80 年代前：被动型的受众

20 世纪初至 30 年代，传播效果研究初期阶段的核心理论是“魔弹论”。魔弹论又称“子弹论”，施拉姆曾经对它做过如下概述：“传播视为魔弹，它可以毫无阻拦地传递观念、情感、知识和欲望。传播似乎可以把某些东西注入人的头脑，就像电流使电灯发出光亮一样直截了当。”①“魔弹论”认为人的行为受到本能的“刺激—反应”机制的主导，由于人的遗传生理机制是大致相同的，施以某种特定的“刺激”便能引起大致相同的“反应”。在这里，受众完全是被动的，没有任何自主性可言。“魔弹论”之所以是错误的，其主要原因在于它是一种唯意志论的观点，过分夸大了大众传播的力量和影响，忽视了影响传播效果的各种客观社会因素，并且否定了受众对大众传媒的能动的选择和使用能力。

我国 50 年代至 70 年代计划经济时期的虚假新闻，反映出媒介“唯政治是

---

① 转引自张隆栋：《大众传播学总论》，中国人民大学出版社 1993 年版，第 156 页。

从”，无视受众的惯性思维，其背后都有着“魔弹论”的阴影。这一时期受众成为被动的接受者，大众传媒成为纯粹的宣传工具，传播的功能被单一化为政治。受众呈现明显的从众心理趋向，传媒成为党和国家大政方针的代言人，受众成为媒介的仆从。中华人民共和国成立后相当长的一段时期内，与各行业一样，传播事业的政治气息非常浓厚。新闻传媒等同于宣传机器，过分强调新闻的政治性而忽视了受众需求。

这一时期的传播模式主要表现为单向直线形状，受众完全处于被动地位，没有对信息进行选择的余地，新闻报道方式是一种纯粹主观性的新闻报道。这里所指的主观性是指新闻报道不顾客观存在的实际，一切从政治需要出发，为了特定的宣传目的而采取的报道方式，而受众的多种需求却遭到漠视。政府对传媒完全控制、政治因素起决定性作用、缺少市场中介因素的影响、缺少对受众的重视，受众呈现同质化趋向。[①]到十年动乱时期，受众的从众心理“升华”为崇拜心理。随着政治极端化的延伸，为满足阶级斗争的需要，新闻报道的主观意识上升到前所未有的地步。新闻报道可以歪曲事实，或故意增减情节，出现了“假大空”风气。

（二）20 世纪 80 年代后：主动、积极参与型的受众

1974 年传播学家 E. 卡茨在其著作《个人对大众传播的使用》中提出了“使用与满足”理论，他将媒介接触行为概括为一个“社会因素+心理因素→媒介期待→媒介接触→需求满足”的因果连锁过程，提出了“使用与满足”过程的基本模式。使用与满足是指受众使用媒介以满足自己的需求。“使用与满足”理论站在受众的立场上，通过分析受众对媒介的使用动机和获得需求满足来考察大众传播给人类带来的心理和行为上的效用。同传统的讯息如何作用受众的思路不同，它强调受众的作用，突出受众的地位。该理论认为，受众通过对媒介的积极使用，从而制约着媒介传播的过程，并指出受众使用媒介完全基于个人的需求和愿望。使用与满足论在理论上存在明显的偏颇之处，它过分强调受众对传播活动的主导意义，把受众的能动性夸大到不适当的程度，其最大问题在于它把受众个人同社会系统相分离，只讲受众对媒介的使用，只谈满足自己

---

① 参见郭庆光：《传播学教程》，中国人民大学出版社 1999 年版，第 174 页。

的需要，而根本忽略了受众个人与群体网络的关系。①

改革开放以来，我国的一些新闻工作者片面地理解了“使用与满足”论，在“惟受众是从”、一味地迎合受众心理的错误思想的指导下制造了大量的虚假新闻。有的捕风捉影，或把内部计划设想当成已发生的事实来披露，或把道听途说的小道消息、互联网上传播的未经核实的消息当成事实来报道；有的则夸大其辞，或望文生义以至违反常识，或把新闻事实“深加工”成新“事实”，或一味追求标题“抓人”造成文题不符；有的甚至公然造假、凭空编造，借助口述实录、情景再现、社会纪实等手法，制造“卖”点，夺人耳目。从 2001 年至 2006 年，《新闻记者》评选出的 60 篇虚假新闻中，社会类、娱乐类的虚假新闻共达 36 篇。诸如布什、米卢、盖茨、刘晓庆、宋祖英、王小丫、李连杰、郎平等有关名人的虚假新闻，共涉及 26 位名人。②某些报刊登载的《斗智斗勇：女记者与狼共穴六十一天》《家庭连环悲剧猪吃娃》《错位夫君夜换娇妻三十年》等虚假新闻，有的无中生有，有的千奇百怪，让人瞠目结舌。“比尔·盖茨被暗杀”“李雪健病逝”“张国荣复活”等子虚乌有的报道，从新闻的标题到内容，无一不深深地迎合了受众对名人的猎奇心理。

1979 年以来中国新闻改革的最大成果便是对新闻媒体本质属性的回归和受众本位观念的建立。进入 80 年代，党的十一届三中全会倡导的经济体制和政治体制改革使当代中国社会阶层开始分化，受众的异质程度增加。“解放思想、实事求是”，破除了极左路线对人们思想的桎梏，人民群众的思想观念、价值观念、生活观念趋于多元化。这一走势标志着“非群体化传播时代”的到来，即从单一到多元、从整合到分化的发展走势。③为了自身生存和发展，受众迫切需要了解周围世界的变动。新闻受众对新闻信息的需求，不仅表现在量的增加上，还表现在质的提高上，受众对信息的追求开始由浅层次的了解转向深层次的关注。受众的多元化促使这一时期的新闻传播有针对性地对社会生活中的热点、难点、疑点和盲点作深层次的开拓，这一时期的虚假新闻因过分地强调新闻的可读性而背离了新闻的客观性原则。

① 参见李彬：《传播学引论》（增补版），新华出版社 2003 年 2 版，第 231—237 页。

② 参见陈力丹、闫伊默：《新闻真实与当前新闻失实的原因》，《新闻传播》2007 年第 7 期。

③ 参见[美]阿尔温·托夫勒著，朱志焱等译：《第三次浪潮》，生活·读书·新知三联书店 1984 年版。

进入市场经济的 90 年代，我国经济体制由计划经济——政治主导型结构转向市场经济——经济主导型结构。社会的市场化、商业化带来了文化的消费主义，促使精英文化和主流文化逐渐走向大众文化。新闻传播模式从以“传者”为本位向以“受者”为本位的回归；传媒内容由以生产为核心向以消费为核心转变，力求满足受众的物质和精神消费。这一时期新闻报道的特点是：恢复人的本性，体现出对人的尊重和对最大多数人现实利益的维护。[①]平民化报道和娱乐化报道方式由此产生。中国新闻改革 20 多年来的一个重要变化，就是受众已经从被动接受信息转变成主动接触媒介，这种变化要求媒介成为信息传播和文化服务的载体，并以受众为本位，为大众提供信息服务。

为了一味地迎合受众的兴趣、感官和本能，供给受众以消遣享受，大量煽情性、刺激性、娱乐化虚假新闻充斥版面和荧屏。这种一味迎合受众心理的虚假报道却误导了受众。在认知心理的驱动下，逐渐成熟的受众对于新闻的认识由表象注意转向深层，并产生了参与意识：从心理参与式的被动参与变为身心投入的主动参与；在形式上从间接参与变为直接参与。同时，受众对新闻报道有勇气提出“打假”，并且对于虚假新闻的辨别程度也得到前所未有的提高，从 2001 年起由《新闻记者》杂志每年评选的“十大假新闻”就是一个很好的见证。

第三节　从现实维度审视新时期虚假新闻传播的表现及特点

当前，虚假新闻传播的速度越来越快，传播范围越来越广，媒介通道在逐渐增多，人际扩散势不可挡，以讹传讹，疯狂猖獗。具体说来，新时期虚假新闻传播的表现及特点如下：

一、广泛性

（一）虚假新闻传播内容的广泛性

虚假新闻传播的内容十分广泛，几乎涉及了新闻报道的各个领域和社会生

---

① 参见陈作平：《新闻报道新思路》，中国广播电视出版社 2000 年版，第 389 页。

活的方方面面。媒介具有议题设定功能，媒体报道的内容受广告利润指标的引导很大。在经济这一指挥棒下，吸引受众眼球的暴力、犯罪、隐私等内容被强化了。从马斯洛的“需求层次论”看，在所有心理需求中，第一层次生理需求是最普遍的，因此也是受众兴趣容易重合的部分，构成信息接受生理满足的内容往往是满足窥视欲的名人隐私、绯闻、暴力、色情内容和其他刺激性内容。第二层次安全需求是犯罪新闻与灾难新闻产生的依据。可以看出，虚假新闻倾向的内容主要是适应受众第一层次和第二层次的心理需求而产生的。①因此，为迎合受众“求新求异求奇”的心理，虚假新闻的重灾区主要集中在社会、文化、体育新闻。近几年来，政治、经济领域的虚假新闻渐有增多趋势，一些严肃的国际新闻、政治新闻，也经常出现虚假报道的现象，如《新闻记者》评选出的2008年十大假新闻中《巨蟒吞噬中国维和士兵》的报道和《孙中山是韩国人》的报道。这与当前“硬新闻”软着陆、时政新闻娱乐化的倾向不无关系。

（二）虚假新闻传播范围的广泛性

以前虚假新闻的消息来源大多取自于我国国内，伴随着网络更深地介入到新闻信息的传播中，各家媒体获得新闻信息来源的方式更加便捷、更加延伸，虚假新闻传播的范围更趋于全球化、国际化。2001年2月25日，英国的《星期日泰晤士报》刊出题为《上海计划建造可容纳十万人的摩天大楼》的稿件，几天之内，国内几乎所有的新闻网站都转载了此消息。而事实上，据知情者披露，这只是欧美建筑商的设想而已。

虚假新闻的产生，一方面，与当前国内媒体的激烈竞争所导致的抢发新闻有关；另一方面，也体现了美国学者Shoemaker & Reese等人提出的媒介的“团体性思维”，即新闻媒体之间存在相互依赖关系，各媒体的新闻有很大的相似性。由于中国的商业网络没有自采新闻的权利，一旦有公信力高的媒体报道了具有高度“可读性”的虚假新闻，各大网站之间就会进行链条式的转载，成批量地在短时间内完成复制、粘贴、发送这一系列程序，容易引发媒体之间的“多米诺骨牌”效应。2008年，《比尔·盖茨亿元租房看奥运》的虚假报道，除了

① 参见陈龙：《媒介批评论》，苏州大学出版社2005年版，第105页。

“原创单位”《成都商报》外，同一天还见诸《重庆晨报》《楚天都市报》《南方都市报》《都市快报》《现代快报》等媒体，因此给读者以全国各地媒体联手为房地产商炒作的感觉。

二、快速性

（一）虚假新闻传播速度的快速性

从传播媒介来看，网络的广泛普及大大加快了各种信息的传播速度。前述《上海计划建造可容纳十万人的摩天大楼》的虚假新闻，《星期日泰晤士报》的刊载时间为 2001 年 2 月 25 日，而国内大部分网站登载时间为 2001 年 2 月 26 日，其渗透力之强、传播速度之快，是以往年代的虚假新闻所望尘莫及的。在由上海新闻学会会刊《新闻记者》发起，人民网传媒频道，上海复旦大学新闻学院联合推出的“中国十大假新闻”评选活动每年所评选出的 10 条虚假新闻中，大部分虚假新闻都是由报纸刊发，然后在网上转载后得以广泛传播。网上发布新闻成本低，流量大，虚假新闻一旦搭上网络的“快车”就会迅速地在受众中肆虐。作为网络信息的接受者，受众不但是网络信息的目的地，还是网络信息的中转站，具有网络信息继续传播的主体作用。受众把所接受到的网络虚假新闻通过短信、BBS、MSN、QQ、E-MAIL 等联络工具进行再传播，从而使虚假新闻的传播速度越来越快。

（二）虚假新闻被揭穿的快速性

现代传媒技术、传播手段的发达，受众媒介素养能力的逐步提高，使得辨别虚假新闻更加容易，虚假新闻寿命越来越短。前些年，新闻打假的主力军基本是媒体自身，尤其是同一地区的竞争对手，下手更重。近年来，网民们义无反顾，承担起新闻打假的重任，也成为虚假新闻能被迅速揭穿的重要动力。[①]《郭晶晶怀上霍启刚骨肉欲离队》刚出笼，就有网友揭出这篇假新闻的前世今生——源自 3 年前网上的帖子；《东方今报》刚报道“北京房地产商协会会长竟赞成炸掉故宫盖住宅”，就有网友发帖称这是两年前网上旧作，且已被证明

① 参见贾亦凡、陈斌：《2008 年十大假新闻》，《新闻记者》2009 年第 1 期。

是假新闻。更可贵的是，网友打假已不限于追根寻源，而是更直接地介入媒介批评。《武汉晚报》发表题为《高速列车 3 秒钟可跨越长江天兴洲大桥允许列车时速达 250 公里》的新闻后的第二天，就有网友尖锐批评："'时速 5588 公里的火车'让媒体蒙羞。"

三、多样性

（一）传播虚假新闻的媒介的多样性

多元化的媒体形成了"立交桥"式的传播网络。受市场利益的驱动，各媒体对稀缺信息资源的追逐日益白热化。在新闻生产秩序还没有来得及规范的情况下，一些媒体只注重经济效益而置社会效益不顾，导致了虚假新闻的出现乃至泛滥。从"您认为何种新闻媒介传播的虚假新闻较多"这一问题的调查结果来看（如表 2-1、表 2-2 所示），各种媒体均存在传播虚假新闻的现象，传播虚假新闻较多的媒介依次为网络、杂志和报纸。这些造假行为，会使受众对国家媒体预设的可信度心理造成波动，损害媒体长久以来形成的公信力，加剧受众对传媒的信任危机。更为严重的是，一些媒体的造假行为不只是个别记者或个别编辑不负责任的行为，而是媒体的一种组织行为。

表 2-1　"何种新闻媒介传播的虚假新闻较多"的网上调查结果

选项	网络	杂志	报纸	电视	广播	缺失
比例	77.63%	43.97%	33.66%	28.99%	13.81%	0.19%

表 2-2　"何种新闻媒介传播的虚假新闻较多"的网下调查结果

选项	网络	杂志	报纸	电视	广播
比例	84.34%	44.11%	28.97%	22.42%	11.16%

网络媒体的兴起对媒体生态的发育、结构产生了巨大影响。网络新闻传播速度之快，超过了以往任何一种传播途径。而网络所具有的公开性和虚拟性，恰恰给受众利用相同信息进行传播提供了可能性。在集合行为中，人们不为信息的准确性负责，而是根据自己的意愿任意地对信息内容进行改造。这样，虚假新闻就会以飞快的速度在人群中间传播，从而加剧其传播的恶果。网络媒体的迅速繁荣给虚假新闻的生产打开了便利之门，许多假新闻的消息来源于网

络媒体，而网络媒体自身也成为制作、传播假新闻，同时还是新闻打假的重要阵地。[①]

（二）虚假新闻体裁和传播类型的多样性

从体裁来看，以前虚假新闻以消息居多，而现在是消息、通讯、言论等体裁一应俱全。[②]各媒体之间的互动，大众传播与人际传播之间的互动，已经成为虚假新闻造成规模传播效应的重要原因。[③]

2002年新浪网编辑曾制造了一条内容离奇、情节曲折的虚假新闻——《千年木乃伊出土后怀孕》。该条假新闻为直接从美国搞笑性杂志《洋葱》所抄来，包括了历史、爱情、生命、奇迹、科学等传奇色彩。这种虚假新闻往往能让人口耳相传，其传播范围越传越广。新浪网编辑把国外荒诞小报刊登的东西当宝货“贩卖”到国内来，将这条新闻从“科技新闻”变成了“社会新闻”，再变成了“搞笑新闻”，实在是有损新浪之声誉。随着科学技术的发展，虚假新闻正由传统的人际传播转变为人际传播、群体传播、组织传播、大众传播并存。

四、复杂性

（一）虚假新闻造假技巧越来越高

虚假新闻的造假技巧在逐步增高，隐蔽性和欺骗性越来越强。许多虚假新闻的内容要素齐全，叙述朴实，合乎逻辑，令受众难以一时识破，隐性虚假新闻的数量有上升趋势。现在完全造假的虚假新闻少了，更多的是真中有假，假中有真，让人莫辨真假。如2002年《金陵晚报》《华商报》等报纸报道的《南京大屠杀纪念馆拟改名》的事件，就是曲解了南京市某些政协委员的提案，而不是完全造假。正如某些研究者所说，硬性假新闻（明显的新闻要素不全的假新闻）少了，而软性假新闻（所谓软性假新闻，是指那些有一定的新闻事实，5个W中有三至四个符合事实，有一两个存在问题的假新闻）越来越多了。[④]随

① 参见张勇：《虚假新闻的真实图景与成因初探》，西北大学2007年硕士论文。

② 参见吴晓明：《网络虚假新闻的生成形态》，《上海师范大学学报（哲学社会科学版）》2006年第1期。

③ 参见杨保军：《虚假新闻表现的三个层次》，《今传媒》2006年第2期。

④ 参见廖仲毛：《“软性假新闻”的危害性不容忽视》，《今传媒》2000年第4期。

着科技的进步，信息制作和传播的手段日益先进，给虚假新闻造假提供了更多的技术手段。近年来，数码摄影技术日臻成熟并广泛应用于新闻摄影领域，为新闻摄影与发稿提供了极大的便利。但是，较之于传统的摄影技术，借助计算机造假实在是易如反掌，这就为不少善于“创作”而非忠实记录的摄影记者大开方便之门，使新闻图片造假现象日益严重。例如，引起巨大轰动的周正龙“野生华南虎”和吴华“华南虎”虚假照片事件。

（二）虚假新闻制造者日趋社会化

记者、编辑是新闻传播过程中最重要的把关人，他们对于新闻真实性的认识和把握程度决定着新闻的真假与质量。[①]一般来说，新闻造假的人员主要是记者，其次为编辑，最后是外来投稿人。[②]但当前一个不容忽视的现象是非媒体人员也在参与虚假新闻的造假。利益集团为了达到某些目的，给媒体提供假信息，或者利益集团直接和媒体编辑记者结成利益同盟，制造出一些经过策划的“假新闻”。2005 年《左权县投资 3 亿元兴建中国“新闻烈士陵园”》的虚假新闻，便是当地一家旅游公司提供的软广告，是该企业利用虚假新闻炒作自身的一个产物。

近年来，网络虚假新闻正经历从“博客假信息—媒体虚假新闻—网络媒体转载”的一个恶性循环。网民通过博客、BBS 或论坛提供的虚假信息很容易被媒体在没有分辨真伪的情况下，被当作真实的消息来源使用，并通过传统媒体和网络媒体进行反复传播。一旦这种恶性循环产生，虚假新闻的制造者将更趋大众化，所有在网上提供虚假信息的网民都很有可能成为虚假新闻的制造者。这势必需要网民具备更高的道德修养和水平，也需要我国法制建设的进一步完善。

（三）虚假新闻消息源的多样性和使用消息源的迷惑性

根据许向东对 2001 年以来《新闻记者》每年评选的“十大假新闻”的研

① 参见杨保军：《新闻真实论》，中国人民大学出版社 2006 年版，第 296 页。

② 参见周思思：《假新闻成因及对策探讨——以 2001 年到 2005 年“十大假新闻”为例分析》，华中科技大学 2006 年硕士论文。

究，历年评选的“十大假新闻”消息来源上的差错大致可以归纳为四种类型：编造消息来源居首位，第二种类型为来源境外媒体和匿名消息源并列；第三种类型为单一消息源；第四类型为来源于网络的消息源。在使用消息来源上，主要采用了四种较有迷惑性的手法：第一种是突出消息来源的权威性、专业性；第二种是把实名消息来源和匿名消息来源相组合；第三种是采用直接引语营造叙事客观性；第四种是转载者弱化或隐匿原始消息来源。[①]消息源的多样性和使用消息源的迷惑性使受众对虚假新闻的识别变得更加困难。

① 参见许向东：《虚假新闻中消息来源的使用及其应对分析》，《国际新闻界》2008 年 7 月。

第三章　虚假新闻产生的心理原因

本书关于虚假新闻产生原因的问卷调查结果显示（如表 3-1、表 3-2 所示），网上调查和网下调查结果基本接近，虚假新闻产生的主要原因是新闻媒体审核不严、管理不力和部分新闻从业人员道德品质低；次要原因是造假者想出名、想挣钱和虚假新闻迎合了人们的猎奇、刺激心理；人们对虚假新闻的无所谓态度也在一定程度上助长了虚假新闻的产生。本章从心理学的角度来探讨虚假新闻产生的心理原因。

表 3-1　虚假新闻产生原因的网上调查结果表

选项	造假者想出名	新闻媒体审核不严、管理不力	造假者想挣钱	新闻从业人员道德品质低	迎合了人们的猎奇、刺激心理	人们的无所谓的态度	缺失
比例（%）	50.22	71.43	43.25	63.84	48.08	13.65	0.19

表 3-2　虚假新闻产生原因的网下调查结果表

选项	造假者想出名	新闻媒体审核不严、管理不力	造假者想挣钱	新闻从业人员道德品质低	迎合了人们的猎奇、刺激心理	人们的无所谓的态度
比例（%）	52.10	74.82	49.90	61.86	45.82	15.97

第一节　传者制造虚假新闻的心理原因

一、传者错误的个我取向成就动机

动机就是引起、维持或促进个体行动的内在力量。[①]根据社会文化的特点，心理学家把成就动机区分为社会取向成就动机和个我取向成就动机。“社会取

① 沙莲香：《社会心理学》（第二版），中国人民大学出版社 2006 年版，第 149 页。

向成就动机是指一种个人想要超越某种外在决定的目标或优秀标准的动态心理倾向，而该目标或优秀标准的选择主要取决于社会。个我取向成就动机则是指一种个人想要超越某种内在决定的目标或优秀标准的动态心理倾向，而该目标或优秀标准的选择主要决定于个人自己。"[①]在社会生活中，如果一个人的成就动机过于偏向某个极端，容易产生一些不良的后果。故意性制造和传播虚假新闻的主体就是由于个我取向成就动机偏向极端而引发错误的动机，进而导致制造和传播虚假新闻这样的错误行为。

（一）政治利益的驱动

作为对新闻的价值判断，新闻真实性受一定文化、价值观、制度等社会因素的影响。作为主导信息系统运行的新闻媒体，其本身处于特定的社会大系统内，必然会受其他系统的影响。从历史上看，重大的虚假新闻报道大都有其政治背景和政治原因。"大跃进"和"文化大革命"时期的虚假新闻便属于这种情况。体制性失实，是指基于一定价值观或指导思想而扭曲事实造成的新闻失实，这种失实是一种主观化的或价值化的失实。[②]在体制性失实的情况下，作为个体的记者意识不到失实行为或者意识到了但无力改变。

"大跃进"和"文化大革命"时期是我国新闻史上两个比较集中的体制性新闻失实时期。林彪、"四人帮"一伙在"文化大革命"中鼓吹"不说假话办不成大事"，提出"事实要为政治服务"，而且主张"只要是政治需要，事实没有的可以加上去"，等等。这些谬论成了"文化大革命"中新闻造假的理论依据。这种大面积虚假新闻产生的主要原因，不应只从记者个人的素质中去寻找，也要从当时错误的指导思想中去寻找。

在我国的新闻队伍中，现在仍有一些人习惯于过去的思维方式和报道方式，以"政治需要"为借口，不讲客观事实，不计传播效果，编造虚假新闻。这种情况虽不多见，但在受众中却产生了十分恶劣的影响。新闻单位宣传党的政策，如果只满足于论证党的政策的正确性，不以如实报道政策的执行情况为任务，因报喜不报忧而产生的虚假新闻就难以避免。一条新闻报喜不报

---

① 沙莲香：《社会心理学》（第二版），中国人民大学出版社 2006 年版，第 163 页。

② 陈力丹、闫伊默：《新闻真实与当前新闻失实的原因》，《新闻传播》2007 年第 7 期。

忧，即使它没有虚构，它所报道的也是不全面的情况，使受众无法接受；一个时期的新闻报喜不报忧，则片面甚至歪曲地反映整个社会的真实的全面的情况。

（二）个人私利的驱动

传媒学者陈力丹认为，出现虚假新闻的根本原因是偏激的受众本位主义，是记者编辑选择新闻的标准不是社会价值和新闻价值（现实意义），而是为了个人和媒体的经济利益，是为了一味地迎合受众的心理需要。在中国由传统社会向现代化开放社会转型的过程中，面对经济利益的诱惑，某些新闻从业人员将自己手中新闻报道的权力和自己所制造的虚假新闻一起作为商品出售。这些传者在个人私利的驱动下开始了虚假新闻的炮制。

虚假新闻层出不穷，其背后往往都有经济利益的驱动，往往都与片面追求轰动效应和市场卖点，片面追求报刊发行量、节目收视（听）率有关。改革开放以来，随着市场经济带来的社会变革和调整，由利益诉求带来的虚假新闻现象显得更加突出。笔者对“虚假新闻产生原因”的调查结果显示（如表 3-1、表 3-2 所示）：有 50.22%的网上受众认为虚假新闻制造者的目的是想出名，43.25%的受众认为是造假者想挣钱；有 52.1%的网下受众认为虚假新闻制造者的目的是想出名，49.9%的受众认为是造假者想挣钱。

二、传者新闻职业精神的缺失

（一）虚假新闻与职业精神缺失

虚假新闻产生的主体原因是新闻职业道德。诚实是职业新闻人应该具备的最基本的，也是最重要的品质。当前，我国正处在传统社会向现代社会的转型期，传媒也因之转型。我国的新闻媒体在一段很长的时期内主要被视为是党政机关的一个部门，而不是一种独立的社会行业。进入社会主义市场经济发展阶段以后，我国的媒体行业虽然进入了市场，但媒体从业者对形成必要的职业精神和职业道德思想准备不足，对于传媒业的基本职业工作规范不甚了解，因而实践中出现了许多违背职业操守的问题。这是我国传媒业内存在职业道德问题的大背景。媒体由“党的宣传工作者”这种单纯的政治实体身份进入市场，从而同时具备意识形态属性和企业属性，而媒介的转型为新闻工作者的身份也带来了改变，转型期间某些新闻工作者对自身的定位陷于一种迷失状态，导致职业精神缺失，这是虚假新闻产生的一个重要原因。

职业精神的缺失会导致新闻从业人员对自身行为价值判断的偏差。这种偏差主要表现为：在生存焦虑的环境中，在社会效益与经济效益冲突的情况下，媒体有可能淡化职业责任感（包括政治责任、社会责任和道德责任），片面地追求经济利益。传者如果缺乏基本的职业精神，一旦遇到新形势新情况，在很短的时间内作出的决断往往反映的便是当事人的逐利本能。在市场经济条件下，新闻工作者作为一种社会职业，传媒业作为一种行业，如果没有基本的职业精神和工作规范，便无法正常发挥传媒的社会职责；而社会也将失去公众与权力组织的联系纽带，社会组织系统的缺失将给社会的稳定带来隐患。就目前的现状而言，传媒和记者的职业精神和工作规范问题已经成为影响其公信力的最大障碍。

（二）新闻职业精神缺失的表现

1. 传者缺乏认真的工作态度和作风

归纳起来，大致有这些：

（1）记者采访不深入或胡编乱造。采访不深入，浅尝辄止、蜻蜓点水，或者道听途说，信笔为文；为了完成一定数量的发稿任务，或为了追求轰动效应，或为了获取较高的报酬，少数记者置自己的职业道德不顾，在对新闻事实没有进行深入实际的采访或在根本没有采访的情况下，完全凭借自己所见所听的表面现象，通过想象与虚构来杜撰新闻稿。比如，《南京大屠杀纪念馆拟改名》《诗人汪国真卖字求生》等虚假新闻都是媒体记者采访不深入甚至胡编乱造而成的。

（2）编辑不注意核实。编辑在编稿时不核实，真稿假编，张冠李戴、移花接木等。编辑编稿不尽责，特别对一些自发性来稿，仅关注其情节是否离奇、故事是否曲折，而忽略了其真实性。为了抢新闻，未经有关部门或当事人审核，便匆忙发稿。

（3）采编人员知识不足造成失实。采编人员的发现能力、选择能力、写作能力等，都会直接影响作品内容的真实性和准确性，每一种能力的欠缺，都有可能导致虚假新闻的出炉。在近几年的虚假新闻中，有不少是由于采编人员缺乏必要的知识素养和足够的知识能力且又不注意核实造成的。比如，《千年木乃伊出土后怀孕》《微波炉是恐怖杀手》《地球生命只剩五十年》等科技类假新闻就是由于采编人员缺乏科技知识而出笼的。

2. 新闻教育中职业精神的缺失

虚假新闻的泛滥同时也说明了新闻教育中职业精神的缺失。新闻教育是源头，新闻教育直接关系着新闻事业的安危。我国现在有新闻专业的大学中，有些几乎没有新闻专业出身的教师。发展速度过快恐怕会给未来的新闻传播学教育带来潜在的危机。[①]美国卡耐基和奈特两大基金会联合五所著名高校启动的新闻教学计划中，各方不约而同地反复提及在新闻教育里强调职业操守的重要性，试图从教育做起，扭转媒体的声名颓势。[②]在我国，某些新闻院校过分强调新闻专业技能的训练，忽视了新闻伦理道德的系统教育。而一些“非科班”出身的新闻从业者和高校从教者则很少或基本没有受过正规的新闻职业道德教育。

三、传者先入为主的新闻偏见思想

偏见是指人们固有的否定性的和排斥性的看法、倾向。[③]事实是新闻的本源，报道是人的主观反映客观的活动。假如报道者的主观倾向与客观事实相脱离，就难免产生新闻偏见。所谓新闻偏见，指的是对新闻所作的不公正的、不诚实的、自私的、不平衡的或者误导性的歪曲，它违背了新闻的真实、客观、公正的原则。[④]传者如果误入新闻偏见的思维陷阱，就容易产生新闻失实和造假，严重的还会造成导向错误。

《华尔街》杂志的一位记者曾这样写过：“一个记者永远不能固守于自己的

① 参见陈力丹：《关于媒介素养与新闻教育的网上对话》，《湖南大众传媒职业技术学院学报》2007年第3期。

② 参见何村：《新闻教育培养什么样人才——由“假新闻泛滥”引发的对新闻教育的思考》，《黑龙江高教研究》2007年第4期。

③ 参见沙莲香：《社会心理学》，中国人民大学出版社1987年版，第249页。

④ 参见应金泉：《新闻偏见和事实本质》，《新闻实践》2005年第8期。

先入之见，费尽全力地寻找几乎不可能存在的证据，忽略矛盾的事实……事件而非个人的先入之见才应该构成事件的本来面目。”[①]传者在新闻报道的过程中，主要有以下五种认知偏见影响着新闻的真实性。[②]

（一）先入之见可能会影响解释

记者通常“紧跟某个观点”，这会影响其对信息的解释，导致其可能在解释的同时而忽略其他复杂的因素。2007 年十大假新闻之一《河南新郑原副市长出狱后卖烧烤》的作者王某因受先入之见思想的影响而杜撰了该新闻，没有任何事实依据。王某荒唐地解释为：“现在社会上挂职副教授当副市长的事不是常有嘛，出狱后重新做人的事也是常有的嘛，这些都是有现实基础，况且我杜撰的目的本来就是感化人的灵魂。”[③]

（二）坚定不移的理念可能会以怀疑的面目支持先入之见

某报一位记者写稿批评河北一家蚊香厂生产的蚊香有毒。稿件发表后，各地纷纷退货，给蚊香厂造成了 50 多万元的损失。该厂告到法院，要求报社赔偿损失。法庭通传总编出庭。总编询问该记者是怎么回事。该记者说，这种蚊香是防疫站化验过的，其中含有六六六成分，六六六是有毒的。他根据常人惯有的理念，认为六六六有毒，进而怀疑到蚊香有毒，便盲目地在报道中下了有毒的定论。而事实却是，这种蚊香虽含有六六六成分，但没有超过规定的指数，对人体无害。[④]

（三）确证偏见可能引导传者趋向能确证自己先入之见的信息来源

2004 年十大假新闻之一《女排姑娘 20 年奥运冠军梦惜未能圆》，新浪体育频道记者为了抢新闻，在比赛尚未结束时便发布消息，宣告中国女排失利。其原因是该记者在比赛第四局的最后关头即中国队仍以 21∶23 落后的情况下，

---

① [美]戴维·迈尔斯著，侯玉波、乐国安、张智勇等译：《社会心理学》，人民邮电出版社 2006 年版，第 95 页。

② 同①。

③ 引自 http://news.qq.com/a/20080102/001606.html。

④ 应金泉：《新闻偏见和事实本质》，《新闻实践》2005 年第 8 期。

便过于主观地确证中国女排会失利，而比赛的最终结果却与第四局的结果相反，导致假新闻的产生。

（四）实际上并不存在相关的事件可能看起来具有相关性

2006 年十大假新闻之一《垃圾场惊现儿童残肢》，原本是甘肃中医学院基础学实验室的正常教学尸体标本，却被记者报道为一起杀人碎尸案事件。由于主观偏见，两件表面上看起来有相关性而实际上完全不相关的事件被记者错误地联系起来，导致虚假新闻的产生。

（五）轶闻趣事看起来可能比统计信息提供更多的信息

记者可能更容易被有关超感知觉的生动故事和其他心理现象而非客观真实的现象所打动。2006 年十大假新闻之一《腰围 1.75 米松原孕妇至少怀了五胞胎》，其真相是孕妇肚子上藏的竟是三条棉被、十几件棉衣等，整整 20 件物品。这条虚假新闻出现的原因是最初采访的记者听信一面之词，未作进一步核实。事发后，《新文化报》刊文诚恳地向读者致歉："轻信，不止是对事件当事人说辞的轻信，更为致命的是对自己工作态度、认识水平和判断能力的轻信让我们铸成大错。"①

从积极的方面来看，这些偏见的暴露可能提醒记者注意那些减少这种偏见的方法——考虑相反的结论，寻找信息来源并提出可能反驳自己观点的问题，或者首先寻找统计信息，然后寻找有代表性的事实，或者牢记善意的人在作出决定时不掺杂自己对结果的预期认识。

第二节　受众接受虚假新闻的心理原因

某些虚假新闻的产生，是因社会心理需要而促生的，是传者在受众需要的压力下制造的、生产的。一些虚假新闻的产生、出笼，是迎合受众心理需要的

① 引自 http://media.people.com.cn/GB/5236204.html。

结果，是传播者以异化方式保持与受众亲密关系的产物。[①]因此从受众心理角度分析虚假新闻得以产生的原因，是必要的。

一、受众接受虚假新闻心理原因的理论分析

（一）弗洛伊德的精神分析理论

奥地利心理学家弗洛伊德认为人的心理动力是本能，本能是生物有机体内的生物能量，它要求在本能的行为活动中释放，也可以在心理活动中释放。弗洛伊德把人的心理结构分为意识、前意识和无意识三个部分。凡是能够自己觉察的心理活动，就是意识；凡是我们无所知觉的心理活动，就是无意识。在无意识和意识之间还有一个前意识。前意识原来属于无意识的一种，若无意识经过努力可以复现或被记住，从而进入意识领域，这种无意识就是前意识；而那种难以转化为意识，即不能召回、不能记忆起来的经验，则是真正的潜意识。在无意识概念的基础上，弗洛伊德建立起他的人格结构理论。他认为，心理人格的结构由本我、自我和超我组成。本我只有满足生命本能和欲望的冲动，它服从的只是“快乐原则”，是人的一切活动的根本源泉。“自我”要努力帮助“本我”实现自身的要求，又要根据外在现实的条件和“超我”的要求，适当地压制和控制本我，它执行的是“现实原则”。“超我”执行的是道德原则。本我表现为原始的本能和欲望，自我表现为理智行事的个性，超我表现为道德感和自责自尊感。[②]

1. 本我的“快乐原则”

本我是人格结构中最原始部分，从出生之日起即已存在。构成本我的成分是人类的基本需求，如饥、渴、性三者均属之，包括以性冲动和侵犯冲动为主的本能冲动。本我中之需求产生时，个体要求立即满足，故而从支配人性的原则而言，支配本我的是唯乐原则。[③]受本我的“唯乐原则”的支配，受众心理有接受虚假新闻的欲望。

① 参见陈力丹：《假新闻何以泛滥成灾》，《新闻记者》2002 年第 2 期。

② 参见车文博主编：《弗洛伊德主义论评》，吉林教育出版社 1992 年版。

③ 参见张春兴：《现代心理学——现代人研究自身问题的科学》，上海人民出版社 2005 年版，第 331 页。

现代社会人们对媒介信息的选择多半是建立在消费的基础上，按照马斯洛的需求层次论的观点，消费又是以满足人的生理层次的需求为特征的。对于受众来说，感官刺激、好奇心和窥视欲望是生理需求的主要表现，这就是弗洛伊德所说的“快乐原则”在起作用。在这种情况下，传者为了提升受众的“注意力经济”，必然会更多地顾及受众的共同爱好和兴趣。针对受众本我需求来制造的虚假新闻内容，即一种倾向软性的、煽情的、奇异的内容。[①]从2001年至今《新闻记者》评选的十大假新闻来看，社会类和娱乐类报道是虚假新闻的重灾区。受众往往通过消遣娱乐性虚假新闻使自己潜意识中的缺憾得到宣泄和释放，从而缓解和消除心理上的不平衡。当然，这种功能对于受众来说是有时间性的，或者说只是暂时的。在接受新闻信息的过程中，受众往往会对凶杀、侦破、事故等社会性虚假新闻充满浓厚兴趣，以满足自己的感官需要，从某种程度来说，这就是人的本能欲望在起作用。

2. 幻想情节

弗洛伊德在《创作家与白日梦》中谈到了“游戏与幻想”的关系问题。成年人的幻想属于成年人自己的世界，它抛弃了与真实事物之间的连接。弗洛伊德把成年人的幻想叫做“白日梦”，这种梦是潜意识流露的结果，这种梦都是现实中“未能实现的理想”或“未得到满足的愿望”。受众幻想的基础就建立在这些“未能实现的理想”或“未得到满足的愿望”上。它们虽然是虚构的，但有现实依据。它们具有极大的想象空间，包含了许多世俗的内容。按照弗洛伊德的精神分析学理论所作的解释，青少年对偶像的崇拜缘于特定时期心理转型的需要，偶像崇拜使儿童在潜意识里摆脱了“恋父恋母”情节，最终使自我人格走向正常化。这样他用幻想来做“代偿”，而幻想要有具体的符号，明星们便成为了受众幻想的符号。受众寻找着能够充当幻想的替代品的各种符号，如明星等。[②]正如美国学者丹尼尔·贝尔在《后工业化社会的来临》一书中所说：“在这个时代里，人们的工作方式走向更多脑力化即精神化，而人们的生活方式却走向了更多的物质消费与享乐。”

---

① 参见陈龙：《媒介批评论》，苏州大学出版社2005年版，第258页。

② 同①。

受众接受虚假新闻传播的过程，类似于将自己的幻想情节进行替代性的、虚幻性的、自我满足的一个转换过程。因为幻想要有具体的符号，娱乐新闻、体育新闻和社会新闻中对一些公众人物的“绯闻”、名人隐私的造假便成为了受众幻想的符号。虚假新闻总是试图通过各种方式来迎合受众对优越感、成就感和英雄感的心理需求。而大部分优越感和成就感都是脱离于受众现实生活之外的虚幻性存在，因而它对受众来说，只是一种替代性的满足。它所替代的是观众在现实生活中难以得到或难于实现的东西。与此相应的是另一种替代性满足，它通过对某些明星隐私事件的公开造假，满足受众的窥视欲和好奇心，从而使观众内心隐秘的“性本能”冲动得到尽情地发泄。这些颇具人情味、审美艺术味的虚假新闻，充分地满足了受众的幻想情节，而受众的这种心态也正是虚假新闻滋生的土壤。

（二）马尔库塞的虚假需要理论

法兰克福学派的主要代表人物之一赫伯特·马尔库塞把人的需要分为真实的需要和虚假的需要两类。他认为，我们可以区别真实的需求和虚假的需求。真实的需求是必不可少的需求，即在可达到的物质水平上的衣、食、住。对这些需求的满足是实现粗俗需要和高尚需要在内的一切需要的先决条件。虚假的需求指那些为了特定的社会利益而从外部强加在个人身上的那些需要，使艰辛、侵略、痛苦和非正义永恒化的需要。满足这种需要或许会使个人感到十分高兴，但如果这样的幸福会妨碍（他自己或个人）认识整个社会的病态并把握医治弊病的时机这一才能的发展的话，它就不是必须维护和保障的。现行的大多数需要，诸如休息、娱乐、按广告宣传来处世和消费，爱或恨别人之所爱或恨，都属于虚假需要的范畴之列。[①]

大众传媒制造的虚假新闻从某种程度上正是迎合了受众的虚假需要。心理学研究证明，只有少量感觉输入的单调环境，会使人感到厌烦和痛苦，甚至导致人的活动的严重失调。人需要安全，但又不满足于单调的生活，他们为了摆脱这种单调生活往往有意识地要给生活增添一点刺激，有时即使为此冒一点风险，也在所不惜。某些虚假新闻，能让受众从传播内容中感受某种刺激，使单

---

① 参见[美]赫伯特·马尔库塞著，刘继译：《单向度的人》，上海译文出版社 1989 年版，第 6—7 页。

调的生活激起一点波澜，使平静的心灵增加一点亢奋或刺激。大众传播中具有猎奇、刺激、煽情等因素的虚假新闻之所以能迎合受众的心理需求，在相当程度上便源于受众的这种虚假需要。

二、受众的某些不合理的心理需求

新闻报道作为一种精神产品，直接满足的是受众的精神需要。这样，受众对新闻内容的追求以及他们需求心理的变化，就会直接影响传播者对新闻报道内容、报道方式的选择。某些受众的不健康心理、不合理需求成为传者制造、传播虚假新闻的重要心理基础，也给了传者造假的无穷驱动力，形成了“受众爱读——媒体传播——发行量上升——继续造假”这样一个恶性循环。人们在与社会环境的互动中，会不断产生新的需求和新的心理，然而，新的心理并不都是健康的，新的需求并不都是合理的。在一定社会历史时期的剧烈变革中，甚至会促生一些畸形的社会心理。社会心理尽管寓于主体内部，是对一定社会客体的精神反映，但它可以表现、外化出来，成为一定的社会现象。

市场经济进程的加速，极大地激发了受众长期被压抑的心理冲动和欲望，使人变得浮躁起来。这正如德国著名的哲学家雅斯贝尔斯所说：“人没有耐心去等待物的成熟，每件事情都必须立即使他满意，即使是精神生活也必须服务于他的短暂快乐。”对许多受众来说，他们更多地关注在每一次心理“投入”之中宣泄一下平日郁结心头的种种劳顿与烦恼的生活感受，暂时放松一下生活的重负和社会竞争的压力。在潜意识里，人们渴望回归自然，渴望最原始的那种求奇、求怪、求刺激心理能够得到满足，不受到丝毫掩饰。于是，虚假新闻以自身特有的方式满足了受众这种不健康的心理需求。

陈力丹教授指出，某些记者编辑选择新闻的标准不是其社会价值和现实意义，而仅仅是为了迎合受众的心理需求。随着受众兴趣逐渐转向社会新闻，即使记者编辑主观上有正确引导的意图，但往往经不住“精彩事实”的诱惑。而当没有“精彩事实”不断出现时，造假的动机与行为便产生了。特别当生活的深层意义被高密度、快节奏的物质性内容填平之时，以真实、现在完成时态的面貌出现的有意思的虚假社会新闻，便为受众提供了一种精神上的刺激或松弛，赋予一种现实感很强的生活意义（无论是娱乐还是生活哲学）。[①]当现实的事物不再那么精彩，虚构的景象便成为替代品；当现实的一些事物成为压力，虚构的小道便成了轻松的途径。激烈的市场竞争，使人们的生活压力、心理压力普遍明显增加，受众不想在仅有的少得可怜的空闲时间里，再去阅读思考严肃的新闻报道，于是虚假新闻便有了可乘之机。

三、受众对某些虚假新闻持“非理性”的态度

作为新闻的直接评判者和消费者，受众的态度极大地影响着虚假新闻的存在。受众对待虚假新闻的心理态度和实际行为，会直接或间接影响虚假新闻的制造与传播。在假冒伪劣产品人人喊打的时代背景下，受众对虚假新闻的宽容度却要高得多。

现在的虚假新闻可以分为两类：第一类是无特定指向的，即并没有指向特定的人或特定的地点，即使有人名，也注上“均为化名”，既无从考证，又不牵涉具体人的实际利益，纯属“消遣型”，这类虚假新闻占多数；另一类是有其特定的指向，给真实的人、真实的地点加上莫须有的事件，这类虚假新闻往往触及当事主体的名誉权等权利。在一种“事不关己，高高挂起”和休闲娱乐的阅读心理主宰下，受众一般不会刻意去探寻第一类新闻报道的真假。李普曼曾说过，除了感兴趣的当事人外，很少有什么人能够检验一篇报道的准确性……因为题材离得很远。现在被揭发的虚假新闻，通常涉及当事人的利益或名誉，故而被揭露。而绝大多数的虚假新闻是社会新闻，与具体生活中的人没有直接的利害关系，即使有人怀疑，也很少有受众会与报道者较真。关于这种现象，李普曼指出，人们通常只接受感兴趣的新闻，即使有疑问，他们也是用其他一些标准而不是正确的标准来判断。在他们看来，他们所阅读的题材很难区别于小说，真实的准则是不适用的。如果这种新闻与他们的成见相符，他们就会毫不犹豫地接受它。[②]正是由于这个原因，虚假新闻才有恃无恐，层出不穷。

在新闻传播过程中，受众并不是新闻信息的被动接受者，而是根据自己的

① 参见陈力丹：《假新闻何以泛滥成灾》，《新闻记者》2002 年第 2 期。

② 同①。

心理需求选择性地吸收信息。受众在接受新闻信息时，有“求新求异”的心理特点：面对习惯常见的事物，他们的大脑皮层处于抑制状态；而当碰到超出常态的事物，他们的神经便会受到刺激，引发兴趣。现代社会，当生活的深层意义被高密度、快节奏的物质性内容填平之时，那些看起来有意思的新闻，便为受众提供了一种精神上的刺激或松弛，赋予一种现实感很强的生活意义，使得受众对拟态环境产生高度的依赖感。而这种依赖感容易使受众形成一种接受习惯——既然媒体把某些虚假新闻尤其是社会新闻当作纪实性的报道发表，受众也就把它当作真实的事实接受。尽管许多媒体上的纪实报道十分离奇，但人们依然很有兴趣地接受，并不认为自己是上当受骗。

受众对拟态环境的高度依赖以及对某些新闻信息的不健康心理需求，是个极其重要的“场”。这个“场”效应造成的接受氛围，是虚假新闻得以存在的生存环境之一。在这一前提下，新闻的制假、传假和信假，都是可以接受的合理存在。例如，最常见的网络虚假新闻的形态，发布者无从考证也无须担责，当事人不堪其扰或不以为然，接受者喜闻乐见却如风过耳，这是一种集体无意识的传播和接受现象。作为谎言的网络虚假新闻，存在的合理性在于其接受的环境因素及利益因素。加之受众对网络新闻普遍采取较为宽泛的标准和尺度，表现出比对传统媒体更大的宽容度。这种宽容度，在一定程度上是受众“非理性”的表现。正是受众对待虚假新闻的这种“非理性”态度，客观上为虚假新闻提供了容身之处。①

伴随着社会的变革发展，媒体技术的迅猛进步，传播影响的无孔不入，人们的一些生活观念、生活方式在改变，人们的社会心理和社会交往方式也在发生变化。人与人的关系在很大程度上直接表现为人与媒体的关系，这也就是说，人与社会环境的关系在很大程度上变成了人与信息环境的关系。然而，人们对新闻媒体、新闻报道的态度、看法已经发生了变化。受众已经不像过去那样，把新闻报道看得非常严肃神圣和了不起了，对新闻报道的敬畏神秘感已经所剩无几了。与此相关的是，人们也不再认为报纸上讲的都是真的，全球化的媒体信任度降低就是最好的说明。信任度的降低，意味着人们内心并不认同新闻报道的真实性。有了这样的心理，新闻的真假虚实在受众的心目中也就没有那么

① 参见吴晓明：《网络虚假新闻的生成形态》，《上海师范大学学报（哲学社会科学版）》2006 年 1 月。

重的分量了。在这样一种社会心理面前，减少和消除虚假新闻确实面临着巨大的困难。[①]

沙莲香教授认为，社会心理是人们在社会生活中自发产生，并互有影响的主体反应。不是所有的心理活动都能成为社会心理，只有在社会成员间起影响作用的心理才是社会心理。[②]心理是不可见的，但现象是可见的。可见的现象会直接或间接影响他人的行为，这正是社会心理的实质。在新闻传受活动中，不少受众对虚假新闻，特别是对那些相对来说对社会生活影响较少的虚假社会新闻、娱乐新闻等，往往不以为然，认为无所谓，不过是娱乐消遣而已，何必当真。在实际生活中，人们不难发现，一些人有时明知是虚假新闻，也会津津有味、眉飞色舞地向他人传播。这种不反对甚至是认可虚假新闻的心理态度及其行为，在客观上无疑会助长制造、报道、传播虚假新闻的风气。受众对待虚假新闻的心理态度和实际行为，必然会影响传播者的心理和行为，因为他们之间的关系是整个新闻传播活动中最紧密的一对关系，是一种持续不断的强互动关系，他们之间的矛盾是整个新闻传播活动中的基本矛盾、总矛盾。[③]为了解决这对基本矛盾，使传受双方进行有效互动，传播者会采取积极的态度，通过正当的内容与手段满足和引导受众的需求。然而，不可否认的是，一些媒体及其从业人员会迎合一些受众不健康的心理，满足其不合理的需要，于是，不仅出现了新闻传播中的媚俗现象，也促发了虚假新闻的泛滥。

第三节　虚假新闻产生的社会心理原因

法国著名社会学家迪尔凯姆说："只有通过社会环境才能真正解释社会现象及其变化的实际情况，才可以避免个人主观的臆断。"[④]新闻传播业是社会大系统中的一个子系统，它的生存与发展必然要受到由各个社会主要子系统构成

① 参见杨保军：《新闻真实论》，中国人民大学出版社 2006 年版，第 290 页。

② 参见沙莲香：《社会心理学》，中国人民大学出版社 1987 年版，第 34—35 页。

③ 参见杨保军：《新闻理论教程》，中国人民大学出版社 2005 年版，第 54—57 页。

④ 参见[法]埃米尔·迪尔凯姆著，胡伟译：《社会学方法的规则》，华夏出版社 1999 年版，第 97 页。

的社会环境的作用和影响。如果没有某种社会心理一定程度上的支持，没有某种社会心理需要一定程度上的支持，虚假新闻现象是很难形成气候的，虚假新闻本身也是难以迅速传播扩散。所以探讨虚假新闻产生的原因有必要从中国社会心理的嬗变的角度来进行分析。

从起源上说，社会心理是人们对社会结构和社会运行现状较为直接的主观反映。其基本形式，在个体层面主要表现为社会认知、社会感情、行为倾向，在群体层面主要表现为风俗、习惯、成见等。在整个社会心理体系中，价值观念属于较理性的层面，它相对稳定，对其他心理方面能产生重要的影响作用，体现了社会心理的实质性内涵。[①]价值是一种选择取向，反映了人类的需求、欲望，以及实现这种需求、欲望的方式和态度。在特定的社会中，人们的价值观念往往存在并体现于该社会的制度文化和精神文化当中。因而，中国社会心理的嬗变也体现在中国社会的制度文化和精神文化的历史变迁当中。

一、封建社会：专制政治伦理下的“文以载道”

在我国，虚假新闻作为一种历史文化现象被大众接受，并一直传承和影响到现在是有根可寻的。长期的封建专制主义制度的影响是中国历史上虚假新闻盛行的重要原因之一。

首先，在中国古代社会，虚假新闻作为一种政治手段被频繁地使用。特别是专制制度被冠以君权神授的桂冠后，利用虚假新闻来控制和蒙蔽老百姓更是历朝历代统治者所惯用的手段。正如有的学者所言，我国千年来“文以载道”的传统，是为中央集权的专制制度服务的，因而与精神活动相关的所有文化和信息传播，都被赋予无限的政治伦理责任。[②]

其次，专制制度所孕育的精神文化促进了虚假新闻的传播。每个国家新闻传播呈现的真实景象，会烙上本国文化视野的烙印。文化对传播的影响是深层的，它会把传播者引导或限制到一种文化价值体系可以接受或允许的范

① 参见沈杰：《中国社会心理嬗变：1992—2002》，《中国青年政治学院学报》2003 年第 1 期。

② 参见陈力丹、江凌：《改革开放 30 年来记者角色认知的变迁》，《当代传播》2008 年第 6 期。

围内。[①]一种精神文化的总体特点与风格，一定会渗透到活动于其中的新闻文化中，对新闻传播形成一些直接的影响。体现精神文化精髓的道德文化，时刻都会提醒传播者选择报道内容、报道方式的道德界限。近代以来，西方精神文化总体上重理性、求科学的特征，使西方记者易于形成客观报道的新闻观念，有利于形成客观、真实的报道。[②]而中国文化几千年来重伦理、求教化的特征，使中国记者极易在新闻报道中自觉不自觉地表情说理，往往在“一片善心”中为新闻报道画蛇添足，影响对事实本身的准确反映。

最后，由于专制制度造成了新闻渠道的闭塞，在大众好奇心的驱动之下，小道消息、秘史野史比比皆是，为虚假新闻的传播提供了良好的生态环境。

二、计划经济时代：价值观念偏向政治化

政治上的不当制约是产生虚假新闻的重要社会原因之一。美国学者阿特休尔在其所著的《权力的媒介》中说：“在所有的新闻体系中，新闻媒介都是掌握着政治和经济权利者的代言人”，“不论过去还是现在，新闻媒介都没有展现独立行动的图景，而是为那些所有者和经营者的利益服务”，媒体一贯都是某些权势的“吹鼓手”。[③]计划经济体制阶段，个人价值为集体主义所排斥，极度夸大政治与精神的作用，使价值观念过分政治化，无视人们正当的物质利益，形成一种与平均主义、禁欲主义相适应的价值观。政治上的不当制约使新闻出现怪诞的表现，出现整体的幻想或虚假的景象。

现实生活中的事件，经过许多人对其评论、发表意见、造成舆论，便形成一种社会心理气氛。这种虚假的社会心理气氛包围着人们的生活，形成了客观的社会环境，反过来又影响着人们的生活。因为人的心理活动或是受到他人的心理影响或是对他人的心理发生影响，总是相互作用、相互影响的过程，从而使舆论所制造的虚假社会心理气氛影响和控制着人们的行动。[④]

---

① 参见张世林主编：《学林春秋》（三编上册），朝华出版社 1999 年版，第 155 页。

② 参见单波：《重建新闻客观性原理》，《中国传媒大学学报》1999 年第 1 期。

③ 参见[美]赫伯特·阿特休尔著，黄煜等译：《权力的媒介》，华夏出版社 1989 年版，第 134 页。

④ 参见时蓉华：《社会心理学》，浙江教育出版社 1998 年版，第 565 页。

三、社会转型时期：个人利益的价值趋向

（一）中国社会转型期的受众心理变化与社会浮躁心态

1. 转型期的受众心理变化

中国社会转型是指中国社会从传统社会向现代社会、从农业社会向工业社会和信息社会、从封闭性社会向开放性社会的社会变迁和发展。[①]经过30多年来的改革开放，我国社会正处于一个深刻的社会转型期中。主要体现在两个方面：一是从高度集权的、单一的计划经济体制向分权的、多元的社会主义市场经济体制的转变；二是从农业的、乡村的传统型社会向工业化或后工业化的、城镇的、开放的现代型社会的转变。在当前这种新旧秩序的交替过程中，我国社会存在着严重的信任危机。[②]

转型期间，我国社会心理变化的主要趋势与特征主要表现为：在价值取向上，从注重理想向强调实际的方向发展，从注重义务向强调利益的方向演变，从注重集体向强调个体转化。[③]急剧的社会变迁引发的心理问题在逐渐增多。随着人们的价值观念、权利意识和利益表达需求的巨大变化，利益主体的多元化导致了受众表达需求的多元化；经济体制、社会结构、文化模式、价值观念等各个领域的深刻变化，对于人们原已形成的社会心理系统形成巨大冲击，从而形成了社会变迁加剧与受众心理适应性减弱之间的矛盾。

2. 转型期的社会浮躁心态

改革开放前，由于极左思潮的影响，人性长期处于受压抑的状态，“个人主义、自我追求”受到绝对压制。进入改革开放后，长期压抑的与利己相关的人性成分迸发出来。在法制和社会规范尚不健全的社会转型过程中，一些“失范”就是不良人性的躁动体现，人性复苏导致矫枉过正。在一个价值多元且尚未定型的社会转型时期，在多种价值观面前徘徊、矛盾的心理也必然形成社会的浮躁。浮躁心态是由不稳定的价值认识所形成的。当主观的价值认识与客观的价值要求相距甚远且游离不定时就会导致焦虑心理，过高的焦虑水平往往会

① 参见郭德宏：《我们该怎样看待社会转型》，《北京日报》2003年2月24日。

② 参见张维迎：《信息、信任与法律》，生活·读书·新知三联书店2003年版，第5页。

③ 参见沈杰：《中国社会心理嬗变：1992—2002》，《中国青年政治学院学报》2003年第1期。

造成认知的偏差。认知偏差导致不正确的行为，而人性复苏（且矫枉过正）在其中起到了催化剂的作用，并可能在态度与行为的相互影响中形成恶性循环，使不稳定状态难以遏制。[①]

改革开放以来，我们已经认识到用法制来制约这种现象的重要性，然而向法的本质回归的历程是艰难而漫长的。也许正是虚报浮夸、弄虚作假才使有些人，尤其是有些领导干部或传者感到“形势一片大好”，对虚报浮夸、弄虚作假的新闻不仅不反感和警惕，反而持高兴和欢迎的态度。于是弄虚作假的痼疾不仅没有根治，反而更加顽固，最终也导致虚假新闻的频发。社会浮躁心理形成了一种浮躁型社会人格，有些人受其风气影响，做人做事不是脚踏实地、循序渐进，不遵循事物发展的客观规律：或好高骛远，对成就与待遇只想一步到位；或做事急功近利，追求表面形式，好看好听而没什么实效；或对个人实际利益特别看重，斤斤计较等。[②]这种浮躁型的社会人格容易导致社会道德水平的整体下降。

虚假新闻在道德上的直接主体根源是品质上的不诚实，也就是说，虚假新闻是道德上不诚实的产物。从社会环境方面来说，社会整体道德水平的高低，道德风尚、社会风气的好坏，是塑造人们是否具有诚实品格的一个重要原因。因为人的社会化、人的社会活动只能是在社会环境中进行。就我国而言，人们的实际感受和基本判断是：我们的社会道德水平整体上在“滑坡”。社会道德水平的整体下降，是近些年来虚假新闻泛滥且屡禁不止的重要社会原因之一。[③]可以设想，一个社会整体的诚实程度、诚信水平如果在降低，讲真话的氛围在淡化，必然会对以“真实为生命”的新闻传播活动造成负面影响。

（二）经济利益支配下的新闻业与虚假新闻

20 世纪 90 年代末，世界开始形成全球性的媒介扩张。全球媒介系统的崛起不仅仅是一个商业问题，更是媒体内容和文化政治的问题。从多方面看，正在形成的全球媒介系统实际上是美国媒介系统在世界范围内的放大。它的

---

① 参见丁立平：《社会人格与人的发展》，中国铁道出版社 2003 年版，第 212 页。

② 参见丁立平：《社会人格与人的发展》，中国铁道出版社 2003 年版，第 206—207 页。

③ 参见杨保军：《新闻真实论》，人民大学出版社 2006 年版，第 284—286 页。

文化具有很多美国媒介系统所强调的唯利是图的特性。当国际媒介系统按利益最大化的逻辑来运作时，意义就不同寻常。国际媒介系统是“新自由主义”放松管制政策的直接后果，它帮助媒介系统形成商品和服务的国际市场。而商业化带来的一个消极意义是媒介公司公共价值的衰落和边缘化，媒介公司将非盈利公共机构的地位置于社会的危险边缘。利益最大化的商业价值和商业欺骗让媒体作为公共机构的特性被湮没。[①]这种潮流对我国新闻事业存在不可避免的影响。

改革开放以来，市场经济所提供的经济自由为新闻自由奠定了基础。“它顽强地为现代新闻传播业的发展开辟着道路。”[②]在市场经济条件下，新闻传播业的总体形势已经发生了很大的变化，总体社会环境与已往具有很大的不同。由此导致了一系列的变化：新闻媒体的传播价值取向在变，利益追求在变，生存发展方式在变，生存状态也在变。即媒体要靠市场生存、发展。市场经济体制的逐渐确立，新闻的商品属性突显。在市场经济条件下，从生产的动机、目的、服务对象来看，新闻已具备商品的基本条件：能满足受众的需要，生产主要用于他人消费，经过市场转换到消费者手中。新闻媒介自身发展的需要客观上要求新闻传播必须面对传播市场，通过新闻的传播占有较大的市场份额，获利等因素介入新闻价值取向已是在所难免。这也就是说，满足受众的需要已经成为新闻传播的根本动力，成为新闻传播的出发点和归宿处。

新闻传播业越来越受到经济利益的支配，这种现象一方面给新闻业带来了高速发展的基础和力量；但另一方面也使新闻传播的职业理念受到了巨大的冲击，新闻精神受到了强烈的扭曲，新闻报道出现了一些学者所谓的“经济性失实”，即“由于金钱等经济利益对新闻报道发生强烈作用时所造成的新闻失实”[③]。在市场经济利益的支配下，一方面，很多媒体选择新闻的标准不再是社会价值和现实意义，而仅仅为了迎合受众的心理需要，刻意地追求与众不同的角度、内容来制造虚假新闻；另一方面，为了确保自己的经济利益，媒体间会展开激烈的竞争。在有些恶性竞争中，单纯地追求商业利益成为媒体的出发

---

① 参见杨保军：《新闻真实论》，人民大学出版社 2006 年版，第 238 页。

② 参见陈力丹：《世界新闻传播史》，上海交通大学出版社 2002 年版，第 18 页。

③ 参见刘明华、徐泓、张征：《新闻写作教程》，中国人民大学出版社 2002 年版，第 23 页。

点，媒体的社会责任被丢在一边。这不仅会破坏整个产业的健康发展，也会导致虚假新闻的不断出现。

一定社会历史时代、历史时期，针对一定事物的社会心理有主流与支流之分。对于虚假新闻现象，经验事实告诉我们，绝大多数人持抵制、批评、拒斥的态度，这是社会心理的主流。也正因为这样，虚假新闻才不能占据新闻传播的主流，它也不可能淹没真实的新闻报道。但认可虚假新闻的心理支流也是存在的，并且危害极大。有了这样的支流，才使虚假新闻有了存活与传播的根据和时空。①

① 参见杨保军：《新闻真实论》，人民大学出版社 2006 年版，第 286 页。

第四章　虚假新闻传播对受众认知的危害

第一节　拟态环境中的虚假新闻与受众心理

一、拟态环境与现实环境："拟态环境的环境化"

20 世纪美国著名的传播学者沃尔特・李普曼在他的经典著作《公众舆论》中，讨论了真实世界和我们所感应的真实之间的不一致。他指出，在大多数情况下，我们并不直接了解我们所生活的环境，但是无论我们认定其为真实的图景到底是什么样的，我们往往都把它们当作客观现实环境本身来对待。在我们和真实环境之间，都存在着一个拟态环境，而我们往往是对这个拟态环境作出反应。李普曼认为，大众媒介不但反映现实，也建构现实。大众传媒传播内容是一种营造"拟态环境"的活动，它通过对象征性的事件或信息进行选择和加工、重新加以结构化以后向人们提示的环境，不仅制约着人们的认知和行为，而且通过制约着人们的认知和行为来对客观的现实环境产生影响。人类为适应环境作出的所谓调整往往是通过虚构中介而发生的，人们对环境作出反应所依据的世界观，这些观点往往受到拟态环境的刺激。①

媒介作为环境，不经意间影响了受众生活的方方面面。大众传媒让我们生活在一个"拟态"的环境里面。"我们主要通过新闻媒体来了解和理解外在的客观世界，从而在我们的头脑里形成一个关于这个外在世界的想象图景。然而，这个外在世界的真实图景对于我们绝大多数人是'摸不着，看不见，难于想象的'。"②"拟态环境"与现实环境有很大的距离，但由于人们是根据媒介提供的信息来认识环境和采取环境适应行动的，这些行动作用于现实环境，便使得

---

① 参见[美]沃尔特・李普曼著，阎克文等译：《公众舆论》，上海人民出版社 2006 年版。

② Walter Lippmann: Public Opinion, NewYork: Macmillam, (1922), p29.

现实环境越来越带有了“拟态环境”的特点，以至于受众已经很难在两者之间作出明确的区分。在大众传播媒介日益发达的现代社会里，受众所严重依赖的“拟态环境”正在日益扩大，越来越有演化为客观环境的趋势。这就是日本传播学者藤竹晓提出的“拟态环境的环境化”问题。[①]

二、受众心理环境与拟态环境："依赖关系"

新闻传媒为受众提供了具有强烈现场感的社会认知环境，给受众带来了“身临其境”的体验，因而导致受众很容易混淆“拟态环境”与客观环境之间的界限。传媒系统依赖理论认为，在一个充斥传媒的世界中，人们不得不大量依赖传媒来寻求对各种议题的信息。受众对媒介信息的接受是基于受众对现实世界的认知，而媒介信息正是受众认知现实世界的重要信息源，受众通过对媒介信息的认知，进而将之转化为现实行动，影响着受众的生活。[②]这正如美国传播学者梅尔文·德弗勒和罗基奇概括的个体与传媒发展“依赖关系”的三种关键途径。首先，传媒提供的信息使我们了解世界，它在“自我理解”的层次上给我们提供关于自身的信息，以获得跟他人解释的同一性。其次，我们在行动或交往上可能需要传媒帮助定向。最后，传媒给我们提供游玩的机会。[③]

传者以客观物质世界为源，借助文字、图像或声音等符号载体向受众传播媒介信息，寻找能达到一定社会效果和影响的内容，为受众构建相应的“拟态环境”。而受众则在亲身感觉世界的同时，又通过媒介这一渠道获取对于客观世界的认识，“人们通过媒介获得的对于社会真实的认识，是人们关于社会知识的心理结构”，是受众的“心理环境”[④]。在信息社会，受众越来越多地超越自身狭隘的直接体验，凭借“拟态环境”来认知社会、认知世界，建构和不断扩展社会认知结构，即心理环境。这种心理环境，既不是客观环境的直接心理

---

① 参见[日]藤竹晓著，蔡林海译：《电视社会学》，安徽文艺出版社 1987 年版，第 37 页。

② Richard Jackson Harris: A Cognitive Psychology of Mass Communication, New Jersey: Lawrence Erlbaum Associates Publishers, fourth edition, (1994), p1-4.

③ 参见[美]梅尔文·德弗勒、桑德拉·保尔一洛基奇著，杜立平译：《大众传播学理论》，（中国台北）五南图书出版有限公司 1999 年版。

④ Richard Jackson Harris: A Cognitive Psychology of Mass Communication, New Jersey: Lawrence Erlbaum Associates Publishers, fourth edition, (1994), p2.

映射，也不是“拟态环境”的简单复制，而是受众根据自己既有的社会认知结构对媒介信息有选择地接受和理解，而得出的“二次加工信息”，是“把别人的报道和我们能够想象的拼凑在一起而成为我们的意见”[①]。由于大众传媒的某些倾向性，人们在心目中描绘的“主观现实”（心理环境）与实际存在的客观现实（客观环境）存在着或多或少的偏差。

受众对媒介信息的接受是基于受众对客观世界的认知，而媒介信息正是受众认知客观世界的重要信息源，受众通过对媒介信息的认知，进而将之转化为现实行动，影响着受众的生活。显然，传者、受众的心理环境是客观环境以媒介为平台在各自头脑中的反映，“拟态环境”自然成为传者、受众的认知平台。[②]很多受众一般会错误地把“拟态环境”当作是客观的现实环境。因为对受众而言，一方面，“拟态环境”就是一个对客观环境的“拷贝”，虽然它不同于客观环境本身，但是因为受众无法直接获得客观现实，只好将这些从媒介中得到的现实“拷贝”当作是“现实”；另一方面，受众可能会把媒介视作信息权威，由于有着对权威服从的心理过程而相信媒介信息权威。由于对信息源的差异，以及受众对信息源认知、态度等心理的影响，他们的行动自然就会受到“拷贝”的支配。大众传媒为受众提供“拟态环境”时，潜移默化地影响着受众的心理环境。

三、“拟态环境”中的虚假新闻对受众心理的危害

基于“拟态环境的环境化”和受众心理环境对“拟态环境”的“依赖关系”，“拟态环境”中的虚假新闻对受众心理将产生重大影响。

（一）虚假新闻的“污染”负功能与受众心理

虚假新闻属于一种信息污染。信息污染是指媒介信息中混入了有害性、欺骗性、误导性信息元素，或者媒介信息中含有的有毒、有害的信息元素超过传播标准或道德底线，对传播生态、信息资源以及人的身心健康造成破坏、损害或其他不良影响。大众传播中的虚假、伪劣信息具有欺骗性和误导性，是影响

① [美]沃尔特·李普曼著，林珊译：《舆论学》，华夏出版社 1989 年版，第 50 页。

② 参见童清艳：《超越传媒——揭开媒介影响受众的面纱》，中国广播电视出版社 2002 年版，第 85 页。

最坏的、受众意见最大的信息污染。[①]虚假新闻以其特有的新奇与“完美”素质，常常使它比一般的真实新闻传播得更快，影响更大。“真实新闻的影响同失实新闻的影响相比，是大不相同的。也许，真实新闻的影响可以按算术级数来计算，而失实新闻的影响恐怕应按几何级数计算，一条真实新闻，如果内容平常，其影响会很不明显。一条失实新闻，即使内容很平淡，也会产生很坏的影响。”[②]美国的信息环保主义者认为，信息时代的首要污染物，已不是向空气中排放毒素的化学品制造商，也不是砍伐原始森林的木材集团，更不是把湿地开发成购物广场的地产商，而是来自媒介、客户、同事和广告商的大量无用信息。它们为了获取受众的注意力展开无情争夺。在虚假新闻造成信息污染的媒介生态中，受众心理会受到很大的危害。首先，虚假新闻造成的信息污染对有利、有用信息的传播、接受、处理和使用造成干扰，直接影响有利、有用信息传播的速度与效率，增加人们对信息筛选、判断、甄别的难度，从而也降低了准确使用有利、有用信息的效果。在这种情况下，受众因无所适从而引起强烈的心理反差，表现为受众无法以惯常的情感、理性、逻辑作为依据，进行判断，加以调整。其次，虚假新闻的欺骗性会伤害受众的情感，造成心理上的伤害，引发人与人之间的不信任，乃至引起对整个社会的不信任。这种危害有时是看不见的，但却是深重的，在人们心灵上投下的阴影很难消去。

（二）虚假新闻的“麻醉”负功能与受众心理

传播学者拉扎斯菲尔德和默顿认为，大众传媒对普通读者和听众持续刺激的一个后果是“麻醉”，他们称之为麻醉性的功能障碍。大众传媒的“麻醉”负功能是指，如果一个人接受了过多的信息，便可能陷入了一种对信息漠不关心或被动消极的状态；过多地接触那些不寻常、不正常、极特殊的新闻，还会导致公众毫不了解社会上平常、正常、普通状况这一后果。[③]虚假新闻的泛滥，可能使受众变得对虚假新闻本身毫不关心，对其他真实的新闻也会持冷漠态度，最终导致对新闻真假的辨别失去判断力；也可能造成一种受众对新闻表面

① 参见邵培仁：《大众传播中的信息污染及其治理》，《新闻与写作》2007 年第 3 期。

② 蒋亚平、官健文、林荣强：《新闻失实论》（上册），中国新闻出版社 1986 年版，第 5 页。

③ 转引自[美]沃纳・塞弗林、小詹姆斯・坦卡德著，郭镇之译：《传播理论：起源、方法及运用》，华夏出版社 2000 年版，第 348 页。

化的关心，缺乏对新闻报道的深层解读和信息真伪的验证，这种表面化的关心可能正好掩盖了大众内心的冷漠。在这种情况下，虚假新闻营造的拟态环境是最为有效的社会麻醉剂，它让受众接受信息从主动参与变为被动获知，甚至不假思索地全盘接受，受众心理处于一种虚幻的麻木状态。虚假新闻的“麻醉”负功能使受众变得无动于衷、迟钝和冷漠，丧失辨别力和判断力，不符合社会的最大利益化。

（三）虚假新闻的“拟态”功能与受众心理

美国斯坦福大学的传播学者巴伦·李维斯和克利夫纳斯教授通过大量原创性的心理实验的研究，提出“媒体等同论”，意思是人们像对待真人真事一样对待媒体，人们把媒体世界和真实世界混为一谈，将媒体等同于现实生活。受众接受新闻的基本目的是获知新近事实世界、特别是自己周围世界的客观变动信息，达到对事实世界的真实认知，以便有效调整自己的言行。而虚假新闻“拟态”功能所构成的环境是拟态环境的最极端化表现，它与客观事实环境完全背道而驰，与受众现实生活相距甚远，很容易误导受众的认知和行为。如关于食品、健康类报道的虚假新闻往往会误导受众的认知判断与行为选择。

虚假新闻的拟态功能，在客观上对受众心理构成了实质性的欺骗。从一般意义上说，虚假新闻最严重的危害就是对社会公众整体性的误导和欺骗。在虚假意识形态支配下的新闻报道，塑造出的新闻符号世界是一个虚假世界，人们无法通过虚假的符号世界来了解事实世界的真实情况，受众无异于生活在虚幻的世界之中。虚假新闻的欺骗性就在于，它们往往伪装成正在提供客观事实去造谣或煽动受众。虚假新闻装扮成新闻事实的面孔出现在受众眼前，其内容往往与人们的生活十分贴近，形式也常常是受众所喜闻乐见的。因此，虚假新闻与受众的社会认知结构之间存在着广泛的互通性，能够为受众社会认知结构中的有关信息单元迅速同化，产生一定程度的关切感和认同感，继而会吸引受众产生对虚假新闻更广泛的接触与注意。如果受众对虚假新闻的防范意识比较弱，更容易“上当受骗”。

（四）虚假新闻背离受众心理期望

受众的心理期望，即受众对传播媒介满足其需要的希望和要求。受众的期望具有两面性，受众的需求既有积极向上健康的内容，也有消极落后不健康的内容。在新闻传播中，受众的期望如同一把“双刃剑”，传者必须对其加以理性的审视。一方面，要充分利用其合理有利的部分来促进自身的发展；另一方面，又要加强对其中某些不良倾向的约束和引导。这里所说的期待都是指受受众正确的、积极向上的期待。受众的期望包含几个重要方面：一是期望目标，即期望从传媒所获得的满足需要的内容。二是期望水平，即期望从传媒获得需要满足的程度。三是期望值，即受众根据经验判断一个传媒能满足自身需要的概率。[①]美国心理学家弗鲁姆在 1964 年出版的《工作与激励》一书中曾提出期望理论，他认为调动一个人的积极性与期望相关，当一个人不仅有需要，而且确信又有达到目标的可能时，才能激发起自己努力工作的动机。从该理论中我们可以得出，受众对某一个传媒所传播的期望目标越多，期望水平越高，而估计实现期望的可能性越大，则受众选择、接近这个传媒的动力越强。

人们在进行理解活动之前，都带有某种根据生活经验而形成的心理期望，都已不知不觉地预先假设了理解对象的应有面貌。受众对传者、对传媒甚至于对每一篇报道都可能产生或显或隐的心理期待，而对新闻报道内容真实性的期待是最重要的也是最根本的期待。虚假新闻因为歪曲了客观的事实，背离受众期待，导致受众对媒介的良好印象在逐渐下降。久而久之，受众在接收信息时所产生的信息期待和媒介期待减弱，从而影响受众的媒介接触行为，达不到应有的传播效果。受众在接触某一传媒后，所体验到的传媒的实际传播水平也会影响他们对这个传媒的期望。如果传媒表现出的是虚假的、低劣的传播状态，便不能很好地满足受众的需要。受众对此传媒的期望也会因不断受挫，而有意无意地降低对这一传媒的期望水平和期望值，在这种期望水平和期望值的作用下，如果传媒不自觉、不自省，便会导致媒介公信力的下降，最终失去受众。

虚假新闻的传播会误导人们作出错误的形势判断，所作的决策与客观现实严重脱节错位，从而造成各方面的损失。受众接受虚假新闻后，往往会对自身的认知、情绪情感和行为带来不同程度的危害，尤其是当受众没有意识到时，其潜移默化的负面影响会更难根除。我们在警惕“拟态环境的环境化”问题的

① 参见郑兴东：《受众心理与传媒引导》，新华出版社 1999 年版，第 84—86 页。

同时，更应该注意防止“拟态环境的虚假倾向”问题。以下章节将着重探讨虚假新闻对受众认知心理、情绪情感心理和行为心理所带来的危害。

第二节　虚假新闻引起受众认知失调

对信息的需要是现代人最基本的精神需要，由受众普遍存在的一种心理现象——认知心理决定的。认知是人们对事物知晓的过程，是一种信息传播和加工的心理过程。①它是主体获取知识和解决问题的操作能力。②主体的认知过程包括人的感觉、知觉、注意、表象、记忆、语言等思维因素的积极卷入，它是人类其他心理活动的基础。现代认知心理学研究认为，人不是被控制或操纵的对象而是“问题的解决者”③。主体在接受外界信息的过程中，能够在已有知识和经验的基础上对之进行加工和再造。受众的认知是传播效果的初始阶段，是传媒内容抵达受众心理的第一步。在大众传播媒介日益丰富的信息社会，受众越来越依赖于“拟态环境”作为社会认知的信息来源。受众在利用大众传媒了解外部环境的同时，也会对所获信息进行验证。受众根据以往的经验，常常授予媒介一定的权威性，通过媒介“拷贝”现实社会，并形成自己对社会的认知影像。媒介利用受众授予的权威性，通过议题设置方式，给予受众心理上的暗示，把受众的注意力引到特定的问题上，引起受众的关注和警觉，而受众又高度依赖于从“拟态环境”中认识他们所生存的现实环境。一旦“拟态环境”与现实环境出现差距，或“拟态环境”提供与现实环境完全相背离的虚假新闻，就会对受众造成一种虚拟的假象。这种假象直接影响着受众对现实社会的认知反应，不但不能提高受众认知行为的有效性，反而会对受众认知造成一定的危害。

虚假新闻暗示给受众带来的心理压力，就像是一种瘟疫，迅速在全社会蔓延，在受众心里产生感染力、共鸣心，影响着社会的运行和发展，影响着人们正常的社会生活以及身心健康。美国社会学家科塞把社会比作高压容器，里面的压力必须得以释放，否则压力就会对社会造成巨大的破坏。人也是如此，压

① 参见刘京林主编：《新闻心理学原理》，中国广播电视出版社 2004 年版，第 128 页。

② 参见陈英和：《认知发展心理学》，浙江人民出版社 1999 年版，第 3—6 页。

③ 王甦、汪圣安：《认知心理学》，北京大学出版社 1992 年版。

力使社会公众心理受到扭曲，难以承受，直至崩溃。这种压力一旦超越了受众的心理承受能力，势必引发出受众认知的严重失调。[①]“因为是行为，如果见诸行动，其后果就不是在刺激起行为的假环境中而是在发生行动的真实环境中起作用。”[②]由于虚假新闻对客观现实的高度“拟态化”，使得虚假新闻建构的媒介现实越来越有取代客观现实的可能。受众通过“拟态环境”形成认知，进而引发相关的行为，而这种行为却是发生在客观现实环境中的。这样一来，由于客观现实环境与“拟态环境”之间的差异性，由于认知对象与行为对象之间的不一致，必然会引发认知与行为之间难以调和的矛盾。这时，就出现了利昂·费斯汀格所提出的认知失调。

一、费斯汀格的认知失调论与虚假新闻事件的例证分析

美国社会心理学家费斯汀格在 1957 年提出认知失调理论。费斯汀格所说的元素即认知，指的是认识体系的因素，即一个人意识到的一切有关于环境、个人的任何认识，如事实、意见等。如果一个事物尚未被意识到，就不是认知的因素。该理论认为，人的认知体系由许多认知因素组成，这些认知因素之间有些是相互独立的，有些是相互关联的。失调和协调指的是存在于成对“元素”之间的关系。他认为，存在于成对元素之间的关系可分为三类：无关、失调和协调。两个元素之间可以简单地没有什么关联，即一个认知元素对某个其他元素全然没有意义，那么这两者的关系就是无关的；在考虑成对元素中，如果其中一个确实紧跟着另一个，那么它们之间的关系就是协调的；失调，即认知之间存在着不适合的关系。在两个元素中，如果一个元素紧跟着另一个元素的反面，那么这两个元素处于失调关系之中。由一个人已知道的或所期望的，由他认为什么是恰当的或平常的，或由任何其他一些理由所产生的认知，也可能与其他认知元素产生失调。动机和所希望的结果同样可能成为两个元素是否失调的决定因素。即一个认知元素并不紧跟着另一个认知元素，或者，不期望紧跟着另一个认知元素，那么，这两个元素的关系就是失调的。[③]例如，后获得的

---

① 参见沙莲香：《社会心理学》（第二版），中国人民大学出版社 2006 年，第 277—280 页。

② [美]沃尔特·李普曼著，林珊译：《舆论学》，华夏出版社 1989 年版，第 9 页。

③ 参见[美]利昂·费斯汀格著，郑全全译，《认知失调理论》，浙江教育出版社 1999 年版，第 56 页。

认知与先前的认知的不协调，原先所抱的希望未实现的不协调，作出的决定以后尚有某种遗憾的失调等。当人们认知体系内呈协调关系时，就会设法保持这种协调关系，避免接触与已有认知因素相矛盾的信息；当人们的认知体系内发生了不协调，就会设法去减轻或解除这种不协调状态。①

在现实的信息接触过程中，由于所接触到信息的不确定性以及个人差异等因素的存在，使得受众不可能只接触符合自己认知体系的信息。有的信息可能是真实的，但有的信息则可能是与自己原有的认知相矛盾的虚假信息。通常状况下，受众习惯于在相互协调的认知体系内接受各种信息，从而使个人的认知体系处于一种动态的平衡之中。当虚假新闻冲击受众个体的认知体系时，就会与原有的认知因素呈现出不协调的关系，从而导致认知失调和心理紧张。这时受众会出现紊乱，感到紧张、不安和烦闷等心理。个体为了解除紧张、不安等心理因素，一般可以使用改变认知、增加新的认知、改变认知的相对重要性、改变行为等方法，来力图重新恢复认知上的平衡。下面以“纸包子”事件为例来分析虚假新闻传播后引起的受众心理三次认知失调情况。

2007 年 7 月 8 日北京电视台生活频道《透明度》栏目播出了“纸做的包子馅”新闻事件。当节目首次在媒体上播报时，受众第一次从“拟态环境”中接受到的一个认知元素：包子的馅竟然是用纸做的；而受众既有的心理环境中对包子事件本身的认知即另一个认知元素：包子的馅不是用纸做的。这两个认知元素完全不同，导致受众认知出现不一致。尽管“纸包子”事件发生在北京，但在“宁可信其有而不可信其无”的心理趋使下，受众迅速会把发生在北京的事件联想到自己身边也有同样事件的发生，与此同时受众对食品安全问题的认知程度发生了较大变化（如图 4-1 所示），受众产生了对该事件认知的一次失调。笔者主持的问卷调查结果显示，“纸包子”事件后有 90. 66%的网上受众和 87.41%的网下受众普遍认为食品安全问题“很严重”或“比较严重”。从以上受众对食品安全问题的认知程度的比例，我们可以很明显地看出受众接受到“纸包子”新闻事件后心理的失调程度。当然这个比例可能也会与受众受到其他食品类新闻事件的影响有所关联。

① 参见时蓉华：《新编社会心理学概论》，东方出版中心 1998 年版，第 214—215 页。

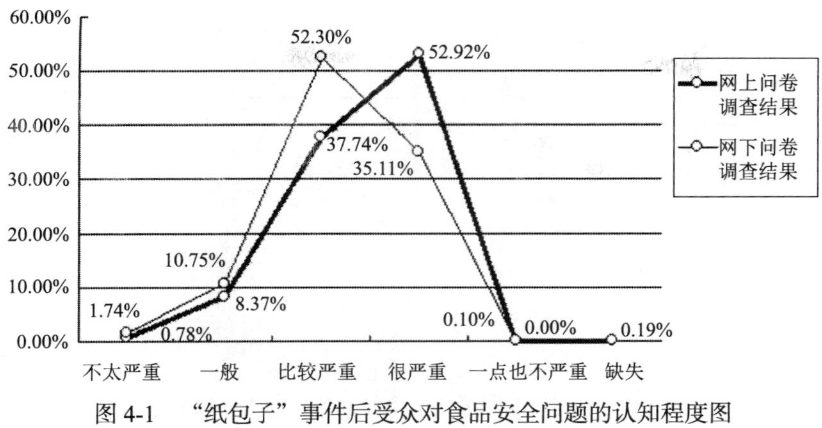

图 4-1 “纸包子”事件后受众对食品安全问题的认知程度图

当新闻被彻底曝光后，当新闻媒体澄清“纸包子”事件是虚假新闻时，受众第二次从“拟态环境”中接受到的认知元素：这是条虚假新闻，且包子的馅不是用纸做的。这时受众第二次从“拟态环境”中所接受到的认知元素与第一次从“拟态环境”中所接受到的认知元素相悖，受众的心理环境开始发生失调，且受众很难在短时间内去分辨清楚孰真孰假。于是受众便产生了对该事件的二次失调。

“纸包子”新闻事件传播后，受众在短时间内两次从“拟态环境”中所接受到的信息完全不同，受众心理产生了对新闻传媒和传者信任度的质疑。受众曾经所期望中的媒介、传者形象是权威性的、值得信任的，这是一个认知元素；而现实中的少数媒介和传者竟然可以公开制造虚假新闻来误导受众，这是虚假新闻传播后受众所获得的另一个认知元素。这两个认知元素相悖，造成受众认知心理的三次失调。受众期望中的媒介和传者的“权威性”形象与现实中的形象反差较大，容易导致受众心理环境发生重大变化，对传媒或传者信任度的下降。从笔者问卷中“您对虚假新闻制造者所属的新闻单位评价如何”的调查结果来看（如图 4-2 所示），有 86. 97%网上受众和 87. 52%的网下受众一致认为对虚假新闻制造者所属的新闻单位持“不太信任”或“非常不信任”的观点，而只有极少数的受众认为“造假属于个人行为，继续信任该媒体”。

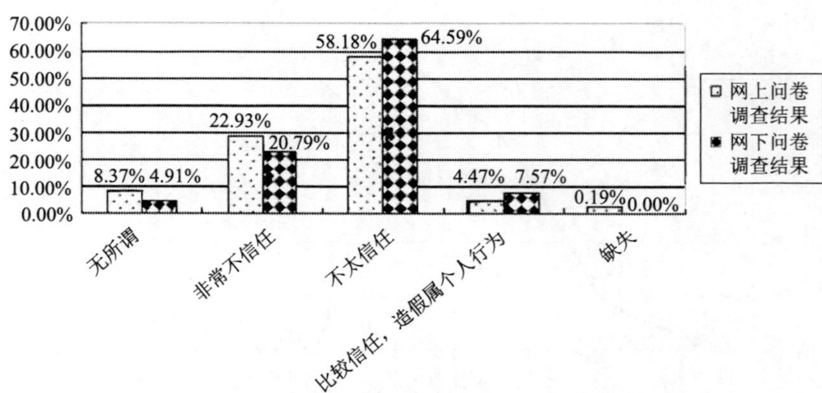

图 4-2 受众对虚假新闻制造者所属新闻单位的信任度调查直方图

二、虚假新闻与受众认知失调的程度

（一）与受众认知失调程度相关的因素

决定失调程度的一个明显因素是具有失调关系的两个元素的特点。如果两个元素彼此是失调的，那么失调程度将是元素重要性的一个函数。一是当元素的重要性或价值增加时，失调的程度增加了；对于个体来说，这些元素越重要，或越具有价值，元素之间的失调程度就越大。二是存在于两个群组的认知元素之间的整个失调程度，是处于失调的两个群组之间所有关系的加权比例的一个函数。如果相对于同行为元素协调的元素数目而言，与行为元素相失调的元素数目是大量的，那么，显而易见，整个失调程度是大的。[①]简单地说，受众认知结构中失调的程度存在着程度的差别，这由两个因素所决定：

1. 认知对个人的重要性

有关的认知与个人关系重大，一旦失调，不协调的程度就高；反之，不协调的程度就低。对于“拟态环境”具有高度依赖性的受众来说，他们习惯于从媒介信息中获取与个人关系重大的认知；而虚假新闻传播后，受众从媒介中获得的认知是错误的，自己的认知被误导了，这时受众的认知便会产生失调。受众接受虚假新闻后所获得的错误认知若与其个人的关系越重大，那么其认知失调的程度便越高。例如，某些受众很信任和很喜欢北京电视台，当他发现“纸

① 参见[美]利昂·费斯汀格著，郑全全译：《认知失调理论》，浙江教育出版社 1999 年版。

包子”事件是虚假新闻时，失调感就会很强烈；同样道理，如果受众对食品安全问题特别关注，当他第一次得知“纸包子”事件后，失调感也会很强烈。反之亦然。

2. 不协调认知在全部认知中的比例

不协调认知在全部认知中占有比例越大，不协调程度就越高。例如，受众如果发现新闻媒介中只有极个别或极少量的新闻单位存在着制造虚假新闻，那么受众所产生的不协调感相对要小些；但如果受众得知新闻媒介中很多的新闻单位普遍存在着制造虚假新闻的情况，那么受众所产生的不协调感就会非常高。同样道理，如果受众得知北京电视台的虚假新闻只是个别的记者所为而不是集体性的行为，那么相对来说，受众的认知不协调相对要小一些。

（二）受众接受虚假新闻后的认知失调程度

在某些特定内容的领域中，产生失调或不产生失调，对追求信息的程度有着重要影响，也对追求这些信息的选择性有着重要影响。如果在两个认知元素之间，或在两种认知元素的群组之间存在着失调，那么，通过增加新的认知元素，而这些新的认知元素能产生新的协调关系，就会减少这种失调。当失调出现时，我们会观察到，人们追求有可能减少已有失调的信息。这类行为表现出来的程度，既取决于已有失调的程度，也取决于他们对任何潜在信息源会产生什么样的内容所抱的期望。①按照费斯汀格的理论，受众接受虚假新闻后，受众认知心理失调的程度存在如下三种可能性：

第一种可能性是受众认知心理相对没有失调。费斯汀格认为，如果人们很少或没有失调，那么，就没有（如果只考虑这种来源动机的话）追求新的或其他信息的动机。例如，有少部分的受众对“拟态环境”依赖性较低或很少购买包子（对“纸包子”新闻事件不太关注），那么对于这部分受众，“纸包子”虚假新闻事件对他们的认知失调程度会很低或相对没有失调。反之亦然。第二种可能性是受众认知心理产生中等程度。第三种可能性是受众认知心理产生严重的失调。虚假新闻传播后，受众从“拟态环境”中接受的新闻信息与现实生活环境中的完全相反；而虚假新闻曝光后，受众从“拟态环境”中接受到的新闻

---

① 参见[美]利昂·费斯汀格著，郑全全译：《认知失调理论》，浙江教育出版社1999年版。

又与曝光前从媒介中所得到的信息完全相反，这必然导致受众心理不同程度的失调。受众在接受“纸包子”虚假新闻事件后，更多的可能应该是认知心理产生中等程度或严重的失调，因为大部分受众对“拟态环境”的依赖程度在逐渐增加，更何况食品安全问题与受众的日常生活紧密相关。

对虚假新闻传播后如何减少受众认知失调，下面将展开进一步的分析。费斯廷格认为，如果在两个元素之间存在失调，那么，通过改变其中一个元素能消除失调。认知系统中的失调程度有一个极限，如果两个认知元素处于失调关系之中，可能具有的最大失调程度相等于这对元素中具有较小抵制的元素的抵制力。同样，如果一种元素群组同另一种元素群组之间存在失调，那么，其失调不可能超过群组中具有最少抵制力那部分元素对改变的抵制程度。如果失调程度大于对改变的抵制力，那么，具有最少抵制力的认知会被改变，于是减少了失调。当一个人的失调接近于可能存在的极限时，在追求新信息方面，这个人可能主动地去追求，去接触增加失调的信息。如果他能增加失调并使失调程度大于任一认知群组对改变的抵制力，那么，他会改变有关的认知元素，于是失调明显地减少了，也许现已严重的失调会完全消除。

费斯汀格认为，认知不协调，就会产生不舒适感觉。失调的存在产生了减少失调或避免增加失调的压力。消除失调意味着恢复一致或调和的状态，有三种方法可以帮助失调者达到这种效果：第一种方法是改变一个行为的认知元素；通过改变行为的认知元素，使它与环境元素相协调，能够消除失调。最简单和最容易的做法，就是改变行为元素所代表的行动或情感。第二种方法是改变一个环境的认知元素。第三种方法是增加新的元素，慎重地接触新信息和新认知。由于存在明显的失调和随后减少失调的压力，会导致人们追求会产生协调的信息和避免会增加已有失调的信息。

“纸包子”虚假新闻事件传播后，根据费斯廷格的理论，我们同样可以采取三种办法来减少受众的认知失调。第一种方法是受众可能改变行动，从而改变有关行为的认知；也就是说受众在接受到“纸包子”虚假新闻后，可以停止购买包子。如果受众暂时不吃包子，那么他们对于行为的认知同“纸包子”的认知就会协调。第二种方法是受众可以改变有关对“纸包子”的认知。受众可以简单地不再相信新闻媒体所报道的新闻，也可以努力地去现实生活中验证“包子的馅是否是用纸做的”，当受众通过调查了解、亲自体察并确证“包子的馅不是用纸做的”之后，从而受众会认为新闻媒体所报道的“纸包子”事件是不真实的或纯属个别行为，完全可以忽略不计。第三种方法是增加对“纸包子”事件的新信息和新认知。受众在得知“纸包子”事件后，会采取各种途径去了解事实的真相。为了避免增加已有失调的信息，受众会随时跟踪相关事件的后续报道，通过对各种媒体上的新闻报道进行比较观察，尤其是通过接受主流、权威媒体的新闻信息来逐步减少认知心理的失调。当然这需要一个过程，需要政府、相关部门及传媒的积极配合。

第三节　虚假新闻导致受众认知偏差

一、虚假新闻与受众认知偏差

受众每天都会接触和感觉客观世界的人或事物，并通过自己的经验判断或进一步分析与思考，形成对他人或事物的知觉。知觉以感觉为基础，并进一步发展到记忆与思维，逐步形成对人或事物的特征以及人或事物之间联系的心理反映，这一系列过程便构成了受众的认知。[①]

从社会心理学的角度来看，新闻的选题、采访和编辑制作等都是传播者进行的相当复杂的社会认知过程。在媒介选择、重组客观世界的“议程设置”过程中，媒介“把关人”通过与自己的社会认知结构相适应的某种选择机制完成对新闻事件的报道。就某一具体事件而言，尽管新闻报道者力求准确地反映客观现实，但事实上却根本不可能原原本本地再现事件的全貌，难免会“对事后减弱了的现场印象做些添枝加叶的处理”，致使“绝大多数事实似乎都在某种程度上经过了有意加工”[②]。这样，呈现在受众面前的媒介现实并不是客观现实的本来面目，而是经过选择、加工和重新加以结构化的，“围绕着日常感性欲望组织起来的，将各种话语碎片拼凑在同一个平面上的话语世界”[③]。这种经过结构化的媒介现实与客观现实之间“仅有松散的联系”[④]。当媒介现实与

① 参见[英]M.W.艾森克等著，高定国等译：《认知心理学》，华东师范大学出版社 2002 年版，第 78 页。

② [美]沃尔特・李普曼著，阎克文等译：《公众舆论》，上海人民出版社 2002 年版，第 65 页。

③ 张建珍等：《谁比谁真实：电视》，云南人民出版社 2004 年版，第 7 页。

④ [美]梅尔文・德弗勒等著，颜建军等译：《大众传播通论》，华夏出版社 1989 年版，第 344 页。

客观现实完全背道而驰时，便产生了虚假新闻。虚假新闻的出现必然会使受众产生社会认知偏差，影响受众对社会现象、社会局势的判断，以及对各类社会人群的评价与态度。

现实中，新闻媒体传递的信息会构成受众心目中现实世界的一部分，冲击力大的虚假新闻会在受众的心目中产生巨大影响，使受众对一些客观事实或正确信息产生歪曲或误解，进而对周围的环境产生不信任。受众如果连续受到冲击性虚假新闻的影响，便会倾向于在内心中形成真假难辨的“拟态环境”和现实环境。同时，受众对虚假新闻容易引发联想，由个别媒体的新闻造假进而联想至整个媒介行业的新闻造假。受众接受外界信息的心理特点造成了受众对外界的认知偏差，以偏概全，违背了媒体传播的初衷，造成了信息的整体失衡，导致传播的负效果。

偏差，原指“运动的物体偏离确定方向的角度”①。而认知偏差，则是指在认知过程中，认知主体产生的偏离正确方向的缺点和错误。虚假新闻导致的受众认知偏差，是指新闻媒介提供的虚假新闻因为报道内容与事实真相相背离，从而把受众引向一种错误的理解。受众在接受虚假新闻时，往往根据新闻媒介所提供的虚假现象或虚假信息对他人或事物作出判断，进而会出现判断失误或判断本身与判断对象的真实情况不相符合。

二、虚假新闻与受众的负性效应

（一）负性效应

受众在社会认知过程中，往往会更多地关注负性信息，受负性信息的影响作用也更大。即在相同的情况下，负性因素比正性因素更能影响受众的社会认知，这就是“负性效应”。②其解释来源于格式塔学派的“图形—背景”原理。人的知觉系统所做的最基本的区分就是图形和背景的区分。一般来说，图形有明显的轮廓，或者有不同于背景的亮度和颜色，能突现出来被明显地感知到；而背景则起着烘云托月般的作用。图形和背景关系的重点在于，个体首先注意到的焦点是图形，而不是背景。延伸到记忆研究中，则假定作为“图形”的那

① 《新华词典》，商务印书馆1980年版，第639页。

② 参见乐国安编著：《社会心理学》，广东高等教育出版社2006年版。

部分较易记住。格式塔心理学家冯・雷斯托夫提出的“隔离效应”认为，一列中的每个项目在神经系统中都会留下“痕迹”，相似项目的痕迹会丧失个性，而形成一个“痕迹集合体”，这个集合体就为独特项目痕迹提供了一个背景，而隔离项目由于其独特性则成为“图形”，在背景的衬托下，图形就会突现出来，首先受到个体的注意。[①]格式塔心理学家认为，知觉场始终被分为图形与背景两部分。图形是看上去有完整结构的、首先引起被知觉者注意的那一部分，而背景则是与图形相对的，细节模糊的、未分化的部分。人们在观看某一客体时，总是在未分化的背景中看到图形。在现实生活中，由于负性特征更不常见，因此更显著，在知觉过程中也就更易被视为“图形”。这就是受众更注意负性信息并给予更多的权重的原因，负性因素的影响作用部分依赖于认知者所作的判断的性质。

负性信息是现实中对所产生的信息的一种状态及价值判断，就其本身的价值判断而言是负面的，它有悖于社会正向发展变动的事实，是人与社会、自然的关系发生冲突、失衡的变动。[②]负面新闻属于负性信息中的一种，是指经过人加工而成的新闻报道，实际上是指那些消极层面的新闻报道。它一般有两种理解，即一种为报道的内容是负面的，产生的影响也是负面的；另一种则是报道的内容本身并不是负面的，但由于传播者在认识上的偏颇或媒体操作上的不慎而未能加以客观真实的报道，以致产生消极的影响。[③]从负面新闻的后一种理解来看，虚假新闻属于负面新闻，同样也归属于负性信息。在知觉新闻信息的过程中，受众比较关注与重视负性信息，即对负性信息比对正性信息给予更高的权重。同样道理，在虚假新闻的传播过程中，受众对虚假新闻的关注与重视比对真实的新闻更强，即会对虚假新闻给予更高的权重。

由于受众心理负性效应的存在，虚假新闻更容易导致受众的认知偏差。受众在接受新闻信息时，相对于真实新闻来说，虚假新闻显得更少，因此在受众的知觉过程中显得更显著、更突出，更易被视为图形，相应地真实新闻被视作背景。受众在知觉的过程中，对虚假新闻比对真实新闻给予了更高的权重，虚

---

① 参见潘光花、田文华：《格式塔心理学关于记忆研究初探》，《沈阳教育学院学报》2008 年 2 月。

② 参见邓利平：《论负面新闻的特征及传播功能》，《新闻界》2002 年第 1 期。

③ 参见王晓英：《浅析负面新闻信息传播的积极作用》，《攀登》2008 年第 3 期。

假新闻便更容易被受众记住。同样道理，对于制造虚假新闻的个别新闻媒体和传者比其他新闻媒体和传者也更容易被受众记住。尽管受众时时刻刻都在接受着新闻信息，但是由于负性效应的影响，受众对于某些虚假新闻内容的记忆却在长时期内都难以忘记或消除。在这种情况下，新闻传媒如果不对虚假新闻进行及时澄清、曝光，或者澄清、曝光后的信息公开度、透明度不够，这势必导致受众心理负性效应的长期存在，最终使受众对相关事件造成严重的认知偏差。笔者在对“广东注水西瓜”事件进行深度访谈时发现，仍有部分受众记忆里残留的是注水的西瓜，而不知道这是一条虚假新闻，甚至有些受众在购买西瓜时继续在寻找瓜皮上是否留有注水的针眼洞。

（二）刻板印象

个体新闻媒体新闻报道造成的整体性虚假，在报道内容和方式上比较普遍的表现：对自己设定的目标报道领域进行片面的反映，形成一些片面的、刻板化的固定报道模式。一些媒体把一些地区、一些人群、一些领域设定为自己长期报道的对象，但却仅仅报道这些地区、人群、领域的一面或几面，而不是全面地报道，其结果是，受众难以真实了解这些地区、人群、领域的整体面目。[①]美国有学者说：“媒介报道固定模式的错误在于，要么就大肆宣扬，要么就充耳不闻。以某个特别的文化群体为例，媒介对其成员的报道不是同情他们的恶劣生存状况，就是赞扬他们的自强不息，更多情况下则是指责他们的暴力罪行。而这一部分文化群体中那些勤勉、正派的成员却完全被媒体忽略了，对他们生活状况的描写根本不被当作是‘新闻’。”[②]受众如果长时期接受这类虚假新闻，很容易对现实生活中的人和事物产生定势心理，形成刻板印象，导致认知偏差。

定势心理是由人们在社会实践中逐步形成和积累起来的经验不断内化而成。定势心理一旦形成，就成了思维过程的一种中介因素和内在尺度。在各种情况下，任何信息流都不能不通过个人的定势，而个人定势是挑选客观材料的一种特制的筛选器。[③]新闻受众对新闻可信与否的判断，就与这种定势、这种

① 参见杨保军：《新闻真实论》，中国人民大学出版社 2006 年版，第 262—264 页。

② [美]保罗・M．莱斯特著，霍文利等译：《视觉传播——形象载动信息》，北京广播学院出版社 2003 年版，第 104 页。

③ 参见 E．C.库兹明和 B．E.谢苗诺夫主编，卢盛忠译：《社会心理学》，杭州大学出版社 1981 年版，第 52 页。

“特制的筛选器”很有关系。大众媒体是受众间接形成角色图式的重要途径，通过观看媒介内容中对社会各群体的片面描述，受众形成了对各社会群体概括而固定的看法，即刻板印象。刻板印象对人的认识活动具有积极和消极作用，但其消极作用更为突出，表现为不能正确反映现实。受众往往是在无意识的状态下受到虚假新闻潜移默化的影响，个体受众会自觉不自觉地受到媒介群体形象在社会知觉、社会判断以及态度和行为方面的影响，表现出与媒体群体形象中多数人一致的现象，把媒体中的某类形象当成“镜中我”，加以效仿。

这种固定、刻板报道模式下的虚假新闻常常会因忽略某个类别内部之间不同个体间的差异性和复杂性，使受众产生认知偏差，对认知对象作出错误判断与评价，并且阻碍认知者对新事物的注意与理解，妨碍其开阔视野，导致不利于受众身心发展的实际后果。例如，由受众长期接受虚假新闻引起的各种社会偏见和社会歧视，使刻板印象成为媒介传播的一个伦理问题、道德问题或政治问题。①

（三）晕轮效应

晕轮效应最早由美国著名心理学家爱德华·桑戴克于20世纪20年代提出。他认为，人们对人的认知和判断往往只从局部出发，扩散而得出整体印象，常常对所具有的某个特征而泛化到其他一系列有关特征，也就是从所知觉到的特征泛化推及其他未知觉的特征，从局部信息而形成一个完整的印象。即如果一个人被赋予了一个肯定或有价值的特征，那么他就可能被赋予其他许多积极的特征。其实质是把各种相互独立、没有必然联系的特性予以叠加，统统赋予认知的对象。这就好像晕轮一样，是从一个中心点而逐渐向外扩散成越来越大的圆圈，所以称之为晕轮效应。与其相对应的是扫帚星效应，是指如果一个人被赋予了一个否定、消极的特征，那么他就可能被赋予其他许多消极的特征。②

受众对新闻的认同，有时是认同多数，但更多的时候是认同权威。这种权威主要由两种因素决定：报道的准确性和地位的重要性。而虚假新闻的出现，严重地破坏党和政府在人民群众中的威信，影响舆论监督的严肃性和公正性，

---

① 参见刘晓红、卜卫：《大众传播心理研究》，中国广播电视出版社2001年版，第201页。

② 参见乐国安编著：《社会心理学》，广东高等教育出版社2006年版。

削弱新闻媒体的权威性和影响力，其最终后果是丧失了新闻媒体在受众心目中的地位；媒体一旦失去公信力，不仅对媒体自身造成危害，还会对社会产生危害，它使公众失去对国家政府的信任，也失去对社会公正的信心。虚假新闻的欺骗作用，会引起连锁式的负晕轮效应：受众会对所有新闻的真实性产生怀疑，进而对新闻机构产生怀疑，并可能对党和政府的领导也表示怀疑。这正如毛泽东同志在《在纠正土地改革宣传中“左”倾错误》一文中指出的那样：“陕北广播电台播发了某些不正确的新闻，人们竟误认为这是被中央认可的意见。”①

虚假新闻通过歪曲事实或掩盖事实真相的卑鄙手段，使受众产生错觉或误解，由此制造错误的社会舆论，并推波助澜，使之变得沸沸扬扬，把受众引入歧途，使社会动荡不安。透过假新闻，受众看到的是虚伪的、不义的、怯懦的、不负责任的新闻工作者；透过虚假新闻，受众看到的不只是个别从业者的不良形象，他们会推及对整个新闻工作队伍形象的认知。受众会由对个别记者、编辑的不信任，扩散到对其他记者、编辑的不信任，或对整个新闻界的不信任。在客观实际中，造成虚假新闻的原因是多种多样的，但普通大众往往把虚假新闻与新闻工作者的道德品格联系在一起，使复杂的因果关系单一化。一种问题一旦和一个人的品质、人格联系在一起，对于这个人来说，不管他是什么样的社会角色，都是致命的。

表 4-1 “纸包子”虚假新闻事件后受众心情的网上调查表

选项	对该媒体所报道的其他新闻表示怀疑	对所有媒体的新闻报道表示怀疑	对新闻媒体不再信任	对工作、学习、生活中的其他人或事表示怀疑	继续相信新闻媒体，虚假新闻毕竟是少数	缺失
比例（%）	43.97	32.49	13.04	8.75	27.82	0.19

表 4-2 “纸包子”虚假新闻事件后受众心情的网下调查表

选项	对该媒体所报道的其他新闻表示怀疑	对所有媒体的新闻报道表示怀疑	对新闻媒体不再信任	对工作、学习、生活中的其他人或事表示怀疑	继续相信新闻媒体，虚假新闻毕竟是少数	缺失
比例（%）	53.43	25.08	7.06	7.98	33.37	0.00

① 中共中央文献研究室、新华通讯社编：《毛泽东新闻工作文选》，新华出版社 1983 年版，第 142 页。

以“纸包子”虚假新闻事件为例来进一步分析受众的晕轮效应心理。问卷调查统计结果显示（如表4-1、表4-2所示），“纸包子”虚假新闻事件传播后，有76.46%的网上受众和78.51%的网下受众表示“对该媒体所报道的其他新闻表示怀疑”或“对所有媒体的新闻报道表示怀疑”，甚至有少部分的受众表示“对新闻媒体不再信任”或“对工作、学习、生活中的其他人或事表示怀疑”。从上述调查结果可以看出，“纸包子”虚假新闻传播后，受众的晕轮效应产生。受众由个别栏目、个别记者的造假而扩散得出对北京电视台或所有媒体的新闻报道产生怀疑。

当北京电视台播报“纸包子”事件时，受众认为报道是真的，包子是假的；之后，新闻媒体澄清该新闻是虚假新闻，官方宣布报道是假的，包子是好的，但还是有部分受众继续认为报道是真的，包子是假的。这一虚假案例的出现，将中国食品安全问题的严峻程度再次推高，受众一时哗然。到底谁真谁假，受众难以分辨。此时受众心理的负晕轮效应得以呈现：就在政府宣布、证实事情是虚假新闻，涉嫌记者造假时，仍有不少民众愿意相信包子是假的，不是假新闻，甚至有人怀疑政府查处也从中造假。这些连环相套的不信任，使得一场由包子引发的舆论风潮，转眼成为一场公众辨识真假的能力测试。围绕“纸包子”的来龙去脉，受众的猜忌、怀疑和不信任逐渐地被层层扩大并产生累积效应，其中既有日趋严峻、改善乏力的食品安全问题，也有媒体和记者的信誉危机，还有政府对新闻媒体的管理问题。“纸包子”事件发生后，政府公安部门迅速介入，使事件的处理很快由对假包子的查处，转为对假新闻的严惩。①

虚假新闻易导致受众对客观现实形成认知偏差，使受众形成以偏概全的社会判断与评价。有的新闻媒体为了盲目地提高收视率，强化竞争优势，在传播信息的过程中往往不同程度地出现两种偏差：一种是为了时效性而忽视本质的真实性；另一种是为了迎合部分受众的口味而在一定程度上牺牲传播内容的公益性。②虚假新闻受市场化、商业化的影响而出现的种种新闻传播偏差，通过日积月累的议程设置作用，必然造成“信息失控”，导致受众“误把偶然当必

---

① 参见南都社论：《从假包子到假新闻：一场信无可信的尴尬》，《南方都市报》2007年7月20日。

② 陈明欣：《信息化的负面效应与媒介社会责任的强化》，《编辑之友》2004年第3期。

然”的重大社会认知偏差，造成心理预期与现实的矛盾，并且可能导致受众社会公德的淡漠甚至是泯灭。而对新闻传媒来说，如果仅靠“精彩”、刺激的虚假新闻画面来提升市场竞争力，以获取巨额利润，从长远利益来看，最终只可能导致媒介公信力的丧失。

第五章　虚假新闻传播对受众情绪、情感的危害

情绪与情感是客观事物是否符合人的需要、愿望与观点而产生的体验，是人对客观现实的一种特殊的反映形式。情绪主要指感情过程，即个体需要与情境相互作用的过程，也就是脑的神经机制活动的过程。而情感经常用来描述那些具有稳定的、深刻的社会意义的感情。①

人们在认识客观事物的过程中不仅可以了解事物的表面特征，揭示事物的本质及其内在联系，同时还会对所反映的事物产生好恶或肯定与否定的态度。人有喜、怒、哀、乐、惧等心理体验，这种体验是人对客观事物的态度的一种反映，即情绪和情感。情绪和情感具有肯定和否定的性质。当客观事物或情境符合主体的需要和愿望时，就能引起积极的、肯定的情绪和情感，如快乐、满意等；当客观事物或情境不符合主体的需要和愿望时，就会产生消极、否定的情绪和情感，如愤怒、憎恨、哀怨等；与需要无关的事物，会使人产生无所谓的情绪和情感。积极的情绪可以提高人的活动能力，而消极的情绪则会降低人的活动能力。②虚假新闻传播后，因为其不符合受众的需要和愿望，所以会给受众带来消极、否定的情绪和情感，会给受众情绪情感心理带来一定的危害。

第一节　虚假新闻导致受众产生负性情绪

一、虚假新闻与受众的负性情绪

情绪是个体与环境间某种关系的维持或改变，它是以个体的愿望和需要为中介的一种心理活动，这种需要往往与生理需要相联系。③情绪是来自正在进

---

① 参见彭聃龄主编：《普通心理学》（修订版），北京师范大学出版社 2004 年版，第 364—365 页。

② 参见关培兰编著：《组织行为学》，中国人民大学出版社 2003 年版，第 83—84 页。

③ 同①。

行着的环境中好的或不好的信息的生理心理反应的组织，它依赖于短时的或持续的评价。[①]

人对事物的情绪体验不仅决定于事物所给予人的结果，而且还决定于人对事物的期待水平。用公式表示，即为：

$$情绪指数=\frac{期待实现值}{内心期待值}$$

期待实现值越高，情绪指数也越高；内心期待值越高，则情绪指数越低。[②]期待具有不同的价值，出现在一个人“期待”之中的，可以是好事，也可以是坏事。因此，一个人所期待的，可能与正性情绪相关，也可能与负性情绪相关。其所蕴含的情绪，依所期待事件的价值而有不同，它们是感情和认知相结合的动机状态。当期待事件被预料为具有负性意义时，就会产生厌恶或恐惧等情绪。[③]20 世纪 70 年代初，心理学家伊扎德用因素分析的方法提出人类的基本情绪有 11 种，即兴趣、惊奇、痛苦、厌恶、愉快、愤怒、恐惧、悲伤、害羞、轻蔑和自罪感。[④]

心理学中使用“大二”模式对情绪进行分类，其方法有两种，一是将情绪划分为愉快与不愉快、活跃或唤起；二是将情绪分为正性情绪和负性情绪。在正性负性模式中，正性情绪反映人们感觉热心、积极活跃和警觉的程度，如高兴、兴趣等情绪。正性情绪与某种需要的满足相联系，通常伴随着一种愉悦的主观体验，能提高人的积极性和活动能力。正性情绪与积极态度相联系，是积极、健康、向上的情绪，有利于学习、工作和生活，主要种类有兴趣、愉快、兴奋、满意等。负性情绪代表个体对某种消极的或厌恶的情绪体验的程度，如悲伤、焦虑、忧愁、惊恐、愤怒等情绪。

（一）虚假新闻传播后受众的负性情绪表现

大众传媒对客观事物进行不真实的报道，虚假新闻报道的内容与客观现实

① 参见孟昭兰主编：《情绪心理学》，北京大学出版社 2005 年版，第 160—163 页。

② 参见郑兴东：《受众心理与传媒引导》（修订本），新华出版社 2004 年版，第 239 页。

③ 参见孟昭兰主编：《情绪心理学》，北京大学出版社 2005 年版，第 136 页。

④ 参见彭聃龄主编：《普通心理学》（修订版），北京师范大学出版社 2004 年版，第 369 页。

生活相背离，一些新异、刺激、离奇、煽情甚至无中生有的报道内容将会提高受众的内心期待值，一旦这种内心期待值与期待实现值难于相匹配时，受众必将产生对事物的负性情绪。这种情况下，大众传媒对受众原有的引导作用就会降低，甚至产生消极的负面效果。问卷调查结果显示（如图 5-1、图 5-2 所示），虚假新闻传播后受众的情绪反映绝大部分以负性情绪为主，其中主要表示为厌恶、愤怒、轻蔑、悲伤、惊奇和恐惧等负性情绪。

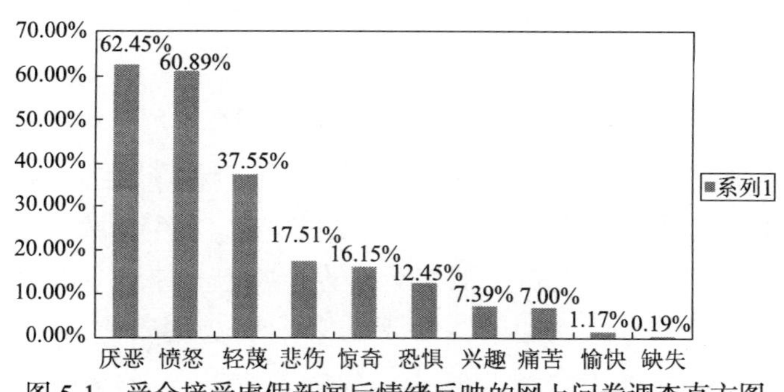

图 5-1 受众接受虚假新闻后情绪反映的网上问卷调查直方图

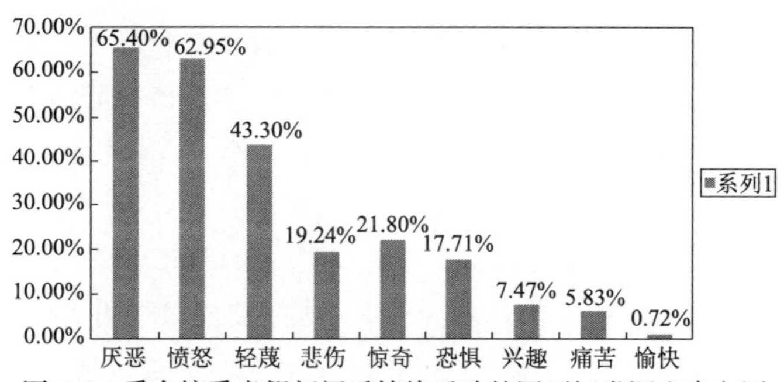

图 5-2 受众接受虚假新闻后情绪反映的网下问卷调查直方图

厌恶是指从事或接近令人讨厌的物体、人或思想。[①]受众厌恶情绪的产生表明受众已经把虚假新闻作为令其讨厌的事物。愤怒是指所追求的目的受到阻碍，愿望无法实现时产生的情绪体验，其表现为面红耳赤，有时甚至会出现攻击行为。受到侮辱或欺骗、挫折或干扰、被强迫去做自己不愿做的事，都能诱

① 参见彭聃龄主编：《普通心理学》（修订版），北京师范大学出版社 2004 年版，第 391 页。

发愤怒。一般来说，无论对儿童或成人，对强烈愿望的限制或阻止都能导致愤怒的产生。相对较轻微的限制及其所引发的轻微的愤怒可能会压抑相当长时间，但是只要限制或阻碍持续存在，愤怒几乎终究会发生。愤怒的原型意义在于激发人以最大的力量去打击和防止来犯者，也用于主动出击。在当代文明社会中，愤怒的功能已经改变成一种表达自身反抗意向和态度的标志，而不必然与攻击行为联系起来。①虚假新闻传播后，受众要求接受真实新闻信息的愿望受到阻碍，迟早会产生愤怒情绪，包括受众无可忍受的情绪。持久地抑制愤怒，不免要付出健康方面的代价。

轻蔑即轻视，语气和动作行为中含有不尊重的意思。受众对虚假新闻的传播行为表现出明显地看不起和不尊重的情绪。在这种负性情绪的影响下，传媒、传者的权威性和新闻报道的公信力将受到严重质疑。恐惧是企图摆脱和逃避某种危险情景而又无力应付时产生的情绪体验，属于一种最有害的情绪。它是一种具有强效应的情绪，对知觉、思维和行动均有显著的影响，在全部基本情绪中具有最强的压抑作用。虚假新闻传播后，受众的恐惧体验可以表现为感到受惊吓，产生慌乱情绪、不安全感和危机感等。恐惧的产生不仅仅因为危险情景的存在，还与个人排除危险的能力和应对危险的手段有关。强烈的恐惧所产生的心理震动会威胁人的生命。在强烈恐惧体验的情况下，人们会形成狭窄的“知觉管道”，变得思维缓慢、范围狭窄、活动刻板，使肌肉紧张，行动僵化。②

如果说痛苦是有机体生理状况不适的原型反应，悲伤则是痛苦的发展和延伸。悲伤或悲痛典型地代表着失去亲人或失去重要资源时的情绪状态。③当人必须忍受这种分离或丢失时，痛苦和悲痛就转化为忧愁或忧郁。对于高度依赖拟态环境的受众来说，一旦发现他们每天所赖以生存的拟态环境提供的是虚假新闻时，势必会产生失去重要信息资源的情绪体验，甚至会出现心灵的无助和孤独的反映，从而产生悲伤或痛苦的负性情绪。这种情绪可能导致受众身体功能和神经功能被削弱和失调。

---

① 参见孟昭兰主编：《情绪心理学》，北京大学出版社 2005 年版，第 157—163 页。

② 参见孟昭兰主编：《情绪心理学》，北京大学出版社 2005 年版，第 163 页。

③ 同①。

（二）负性情绪对受众心理的负面影响

情绪会影响人们的判断。不幸的人，尤其是失去了亲人或抑郁病人，往往表现为精神无精打采，社会行为退缩，甚至变得很脆弱。他们也更倾向于自我关注和陷入冥想。快乐的人正好相反，表现为异常的精力充沛、果断、有创造力和合群。情绪会渗入人们的思维中。在愉悦情绪的感染下，世界显得更友好，做决定似乎很简单，人们也更乐意回忆那些好消息。而如果心情抑郁低落的话，思维将会转向另一条截然不同的轨道。这时，坏心情将会启动我们对消极事件的记忆。我们的人际关系变质了，我们的自我意象骤然下降，我们对未来的希望变黯淡了，别人的行为看起来似乎更包含恶意了。①

情绪对思维会产生影响，它可能会干扰思维，也可能会中断理性思维。根据理性两个层面的含义，情绪至少在两个方面干扰了思维。情绪可能会干扰一个人的推理能力，或者干扰人们使用有关证据推论出一个合理的结论的能力；同时它们也可能指导人的行为，引起行为的变化。这样的话，也就阻碍了这个人目标的实现。很明显，强烈的负性情绪，如沮丧和焦虑可能会中断和干扰有机体的行为和思维。②虚假新闻传播后，受众的情绪反映绝大部分以负性情绪为主，这势必影响到受众的行为判断，本书的第六章将重点阐述此问题。

心理学研究发现，情绪状态及其所伴随的生理反应直接影响免疫系统的功能，积极的情绪状态会增强免疫系统的功能，而消极的情绪状态则减弱免疫系统的功能，进而为情绪状态对身体健康的影响提供了一种具体机制。正性情绪会导致人们的思维范围扩展，更加注意到事物中积极的一面。他们在面对困境时，具有发现积极意义的能力，积极意义可以引起正性情绪。研究表明正性情绪是有助于缓解压力的。例如，与正性情绪相关的积极应对策略，能增加主观幸福感，促进身体健康。负性情绪进行消极的推想，会引发更广范围的个体和社会行为问题以及害怕和焦虑等，所伴随的剧烈的和慢性的压力可能会危及免疫机能，增加和压力有关的生理紊乱的易感性。③

---

① 参见[美]戴维·迈尔斯著，侯玉波、乐国安、张智勇等译：《社会心理学》，人民邮电出版社 2006 年版，第 88—89 页。

② [美]D. Alan Bensley 著，李小平等译：《心理学批判性思维》，中国轻工业出版社 2005 年版，第 127—128 页。

③ 参见汤玉琴：《正负性情绪对压力事件的结果推想及健康水平的影响》，华东师范大学，2006 年硕士论文。

二、虚假新闻传播产生消极的社会情绪

（一）虚假新闻传播与消极的社会情绪

社会情绪是指人们对社会生活的各种情境的知觉，通过群体成员之间相互影响、相互作用而形成的较为复杂而又相对稳定的态度体验，这种知觉和体验对个体或全体产生指导性和动力性的影响。基于情绪的两极性特点，社会情绪也具有两极性。在动力性方面，可以分为积极社会情绪和消极社会情绪。[①]积极的社会情绪是某一特定社会事件的发生符合某一特定群体的成员的共同愿望或需求时，所产生的积极、肯定的社会性情绪反应。消极的社会情绪也称为不良社会情绪，主要是指群体成员的心理体验和行为反应呈现出消极、负面的状态。社会情绪的积极与否、稳定与否都将对整个社会的健康发展、对社会的和谐发展产生直接而长远的影响。关注社会情绪，适当疏导负性的或过激的社会情绪，管理和控制不良社会情绪，是建设和谐社会必不可少的关键之处。

新闻传播中和谐的传受关系具体表现为，如果受众信任的媒体所报道的新闻同事实相符、所持有的态度代表受众的根本利益，那么受众、媒体和事件就呈现和谐；反之，如果新闻报道造假，受众不可能否认客观事实来容忍新闻媒体的造假行为，由此造成不和谐的关系，严重后果会导致媒体公信力的下降。一般情况下，受众对自己所生活的环境总是保持一定程度的信任，相对处于和谐状态。媒体一旦发布虚假新闻便会打破已有的和谐。社会心理学认为，公众不是散在的个体，而是具有某种“合群意识”的群体，个体之间必有某种共同倾向。虚假新闻一旦爆发，受众心理环境、现实环境和拟态环境之间的这种和谐的信任关系就会被打破。受众便会把不满情绪发泄给传者、媒体或政府，这种不满情绪在心理层面的反应就是恐慌和对媒体的不信任，在行为层面的反应就是社会生活的紊乱。[②]虚假新闻传播往往使人们受到惊吓，产生慌乱情绪、不安全感和危机感，产生消极的社会情绪。

① 参见沙莲香：《社会心理学》，中国人民大学出版社 2006 年版，第 178—179 页。

② 参见孟昭兰主编：《情绪心理学》，北京大学出版社 2005 年版，第 161 页。

（二）消极社会情绪的感染

心理学认为，社会感染是一种较大范围内的信息与情绪的传递过程，即通过语言、表情、动作及其他方式引起众人相同的情绪和行为。传媒环境影响并感染着受众的社会情绪，随着社会发展与进步，精神生活与文化生活日趋丰富，大众传媒的感染作用日益突出，影响巨大、深远。

当受众置身于传媒的某种特定情绪氛围时，这种特定的情绪氛围会形成强大的感染力，使受众的情绪或知觉色彩减弱，个人的意向淡薄，而表现出与特定情绪或意向相一致的情绪。只要有感染，就会有无意识的或主动的屈从，因为感染总是在非强迫、无压力感的条件下产生的。社会心理学认为，模仿和学习是人类的天性，而感染是刺激模仿和学习动机的原始动力，当人们受到某种情感或情绪的感染时，往往会产生一种强烈的冲动和热情及相应的行为反应。同时，传媒对某些心态或意向的不断强化——示范——刺激，也会激起人们模仿和学习的欲望。趋利避害是人的本性，那些带有示范性质、不断被强化的看法、意见、观念等在人的本性驱使下往往会成为重要的参照、学习的榜样。

人的个体不能离开他人或社会而独立存在，人们的行为往往趋向于由个体行为转变为群体行为。法国心理学家勒庞认为，人处于集合行为中，有意识的人格已经消失，无意识的人格占据主导地位，情绪和观念的感染、暗示的影响使群体心理朝某一个方向发展，极易卷入非理性的狂乱之中。[①]在传播活动中，“拟态环境”中的虚假新闻传播很容易让受众在某些心理状态下敏锐地感觉到，并随之迅速自我夸大地扩散、蔓延。这种一传十、十传百的连锁反应模式，会很快将某种消极的社会情绪推向峰巅。受众不知不觉地受到“拟态环境”中虚假新闻传播的影响，而在知觉、行为或观点上发生与“拟态环境”中某些因素相一致的变化，即遵从。在许多情况下，“拟态环境”中集体的意见对受众个体来说，往往比亲眼所见更有分量。

（三）虚假新闻产生消极社会情绪的例证分析

恐慌是一种广为人知的大众行为。恐慌的本质是信任危机，它是“个体对

① 参见[法]古斯塔夫·勒庞著，冯克利译：《乌合之众：大众心理研究》，中央编译出版社 2004 年版，第 52 页。

自己所处的环境丧失信任之后的应激性反应”[①]。在现实社会中，不一致的、相互矛盾的事物处处可见，但多数人的理性分析可以化解过度的刺激，平复因震惊引起的慌乱。倘若人不能做到这一点，也就达不到认知的一致性，心理上就会产生痛苦的体验。从费斯汀格的认知失调理论来看，在“拟态环境”中，公众对事件本身的认知是一个要素，公众信任的媒体所进行的新闻报道是另一个认知要素，如果二者相悖，受众的认知就会出现不一致，就可能导致恐慌情绪的产生。

近年来，食品、饮料及许多日常用品质量问题纷纷被媒体非正常曝光，甚至被炒作成“健康危害”事件，令人遗憾的是渲染这种消费情绪的有不少是虚假新闻。它们利用社会大众重视自身健康的心理及对媒体的信任感，大肆炒作，引发一起又一起的消费恐慌事件。食品安全问题是长期存在的，然而，经由虚假新闻的聚焦、放大和传播，它却突然之间成为一种随时可能爆发的恐慌流行症。一次次的关于食品安全问题的虚假新闻报道堆积起来的是消极社会情绪的产生、恐慌的流行和不信任感的上升。下面以“甲醛啤酒”风波为例进行分析。

2005 年 7 月 5 日，《环球时报生命周刊》刊登《啤酒业早该禁用甲醛》的报道。一封啤酒研究工作者的来信出现在报道开头：“啤酒加甲醛在业内变成一个大家心照不宣的行规……”该报社记者以这封匿名的读者来信为线索展开调查。该文中引用某业内人士的话称“就产品的比例来看，95%的国产啤酒都加了甲醛，有些企业宣称自己不用甲醛，其实往往只是部分产品不用而已”。7 月 7 日，《成都商报》转载此稿件，标题为《啤酒界人士揭内幕：甲醛作稳定剂》，标题下面有一个副题：“企业明知可能致癌，却因成本原因继续采用，绝大多数消费者对此毫不知情。”该稿件还提到：“甲醛是一种毒品，在我国的《食品安全法》中明确规定，不能将它作为食品添加剂使用。”当天新浪网对该文又予以转载。随后，许多媒体介入炒作，“95%的啤酒加甲醛”的说法开始传播。此后，韩、日等国都要求对中国进口的啤酒进行检测，在国内也引发了啤酒的消费恐慌。[②]7 月 15 日，中国食品工业协会、国家质检总局等七部门公布了对国内 157 种啤酒的甲醛含量检查结果，联合召开了“关于啤酒甲醛问题说

① 冯仕政：《应对非典疫情下的心理恐慌困》，《人民日报》2003 年 5 月 30 日。

② 参见人民网 2005 年 7 月 15 日，http://env.people.com.cn/GB/35525/3544106.html。

明会”。会议说明“用甲醛提高啤酒的非生物稳定性”，没有造成啤酒中的甲醛残留超标，不构成啤酒的卫生安全问题，国产啤酒的甲醛残留低于天然食品，可以安全饮用。之后，这一风波才逐渐平息。

在此次事件中，个别媒体面对一个符合受众心理需求（即消费心理不成熟再加上对癌症的恐慌心理）的虚假新闻线索，便去简单地迎合社会的非理性情绪，甚至兴波助澜，大肆炒作，最终导致了恶劣的后果。“甲醛啤酒”虚假新闻导致了国内消费者对啤酒产品的恐慌，更严重的是国外媒体也纷纷报道，使中国啤酒的国际形象受到很大的损害。虚假新闻传播之后的短短几天，原本应该是一年之中最火爆的啤酒销售旺季，却因此而大受影响。中国制造的啤酒不仅销售量显著下滑，更主要的是声誉严重受损。

第二节　虚假新闻导致受众产生逆反心理

一、逆反心理的概念和特征

在新闻传播活动中传受者之间的和谐关系，即指传播者与受众之间的关系协调、融洽，心理距离比较小，即使存在一定的心理距离，也能互相接受反馈，彼此能理解和沟通；非和谐的传受关系是指传播者与受众之间存在着较大的心理距离，甚至存在着心理对抗。逆反心理便属于这种非和谐传受关系的反映。

逆反心理属于一种抗拒心理，也叫心理抵抗。它是指人们对已有的关于某种事物或现象的结论、判断，进行反方向的思维，产生动摇、怀疑，进行反思，甚至持否定态度，得出与原结论相反的结论、观点，做出相反的行动。[①]大众传播中的逆反心理，主要指受众在接触、接受传播过程中，采取与传播者愿望相反的态度的一种倾向。它是人们对超过自身感官与接受能力所产生的一种抵触情绪和反向思辨。[②]从认知心理学角度而言，受众在控制性加工时，由于受头脑中刻板印象的支配，根据自我本身原有的价值观念和认识得出自身的见解，这样会对传播的内容产生抵触情绪，甚至拒绝传播的信息。

大众传播中受众的逆反心理具有如下特征：一是大众传播中受众的逆反心

① 参见虞达文：《新闻心理学》，新华出版社 2001 年版，第 366 页。

② 参见张骏德、刘海贵：《新闻心理学》，复旦大学出版社 1997 年版，第 152 页。

理，不仅是一般地对传播者或传播内容表示不喜欢、不同意，而是对传播者或传播内容心存抵抗，这种心理抗拒，往往表现为受众对传播者或传播内容相抵触、甚至“对着干”。也就是说，传播的效果不仅与传播者的意愿不一致，而且甚至是相反的。二是受众的逆反心理带有较重的情感色彩。受众的不满、抵触、对立等心理是其主要的表现。三是逆反心理会强化成一种定势，从而对受众的后续受传行为会产生影响。①

二、虚假新闻与受众逆反心理

（一）虚假新闻导致受众产生逆反心理

受众对新闻传播的怀疑、不信任，是诱发逆反心理的重要原因。而新闻媒体中虚假新闻的传播，又是造成受众信任感丧失的主要原因。受众在接受虚假新闻传播后，其忠诚与善良遭遇了亵渎。当受众明白自己信以为真的传播内容，原来是不真实的、片面的，就会感受到自己是被欺骗甚至被愚弄了，对传播的信任感就会削弱，怀疑感、不信任感随之产生。这种怀疑、不信任感一旦产生，就可能泛化，继而会对后续的传播产生怀疑和不信任。受众感受到的被愚弄和被欺骗的次数越多，程度越深，这种怀疑和不信任的程度也就越严重，以致对其他相关的传播乃至所有传播都会认为是不可信的。

（二）受众对虚假新闻产生逆反心理的原因

受众对新闻信任感的丧失，之所以会诱发他们的逆反心理，是因为信任、信念、信仰等也是一种带有倾向性的定势心理。定势是一种完整的心理状态，是个体对某种行为做好的一种准备。在内部因素和外部因素同时起作用的情况下，人就会产生一种一定方向的动作定势，这是他将要采取的适当行为的形态，即决定同类后继心理活动的趋势。②人们在社会实践中，往往要通过自己的主观领悟，对大量的信息进行鉴别和选择，逐渐积累经验，形成据以评判事物真假、善恶、是非的标准，逐渐“内化”为“经验负荷体”，并成为稳定的定势心理。这种心理一旦形成，就会成为个体在思维过程中的一种内在尺度。如果

① 参见郑兴东：《受众心理与传媒引导》（修订本），新华出版社 2004 年版，第 259 页。

② 参见[苏]肖·阿·纳奇拉什维里著，《宣传心理学》，新华出版社 1984 年版，第 198 页。

新闻报道的内容与受众的内在标准相抵触，或虽不抵触但令受众怀疑，都会引起逆反心理，受众会不假思索地予以抵制。传媒如果一次又一次地传播虚假新闻，就会在受众的心里逐渐“内化”为不信任的“经验负荷体”。[①]

因新闻工作者“弄虚作假、凭空捏造”产生的虚假新闻，留给受众的印象最深，反感最大，造成的逆反心理也最强烈。新闻报道中的弄虚作假，通过受众的主观领悟形成了一次次不信任的经验负荷体。如果类似的虚假新闻多次发生，不信任感就会被强化。以后当同类信息被受众的感官所接受，便会激活不信任的“经验负荷体”，从而导致新的不信任。弄虚作假、凭空捏造像是一种传染病，虚假新闻影响愈大，流毒也愈广。如果不及时治疗，它便会产生连锁反应，四处蔓延。虚假新闻在一家媒体发表后，国内甚至国外媒体相继转发，受众反复性地遭到愚弄，不信任的“经验负荷体”也将多次被强化，反感逐渐增加。如果不及时认真处理，很有可能导致受众对整个新闻事业的不信任。

（三）逆反心理是受众接受虚假新闻的自我保护机制

受众在接受新闻时，普遍存在着一种希望新闻信息是真实的心理需求。个体非常看重自己的自由感，如果社会压力非常明显，以至于威胁到个体的自由感时，他们常常会反抗。逆反心理便是人们采取行动来保护他们的自由感的表现。[②]美国心理学家布莱姆的研究发现，人人都试图维护自己的自尊和自由，一旦感到它们受到威胁，就会力图去恢复它们。布莱姆把这种试图恢复自尊与自由的动机状态称为对抗心理。导致个体产生对抗心理的直接原因：来自外界的某种力量试图禁止个体从事某种或某些行为，这使个体感到自尊受到伤害，自由受到限制，因而会产生直接从事被禁止的行为、通过暗示行为来试图恢复自己的行为自由、产生敌意和攻击性情感、对被禁止的行为兴趣增加等心理反应。

虚假新闻使受众感到传播内容的描述与实际生活不相符合，因而受众对传媒的其他内容，即使是真实全面的内容也将产生不信任。对于因虚假报道而产生的上述逆反心理，实际上是受众的一种自我保护机制。受众借此可以避免受

① 参见虞达文：《新闻心理学》，新华出版社 2001 年版，第 367 页。

② 参见[美]戴维·迈尔斯著，侯玉波、乐国安、张智勇等译：《社会心理学》，人民邮电出版社 2006 年版，第 175—176 页。

到虚假新闻的消极影响。如果受众经过验证，发现某些新闻是不真实的、虚假的，使自己上了当，则将会对于自己无法亲自验证的全部信息产生不信任的态度，即以逆反心理来看待此类信息，以免自己继续受欺骗。而受众实际上所接收到的新闻信息并非全部是虚假的，这种行为有可能导致连真实的新闻也遭到排斥，但对受众来说，这样至少免受了虚假新闻之害，这也是一种自我保护。因为获得虚假新闻，往往比未获得新闻更有害。

三、逆反心理的副作用

美国著名心理学家马斯洛列举了自我实现者的特征，其中之一就是准确和充分地知觉现实，以及对自己、对别人、对大自然表现出较大的宽容，承认在每一事物中既有好的一面，也有坏的一面，人更能忍受事物的真面目。[①]其实，对于一个具有高度社会责任感的传媒来说亦是如此。它必须忍受事物的真面目，不论事物的真实面目对于受众来说是喜欢还是讨厌，是有益还是有害，都要实事求是地正视它、反映它。即只要具有新闻价值的新闻，都应实事求是地进行报道。传媒的此种“忍受”，不仅对于培养受众的心理承受力是有益的，而且对防止受众的逆反心理也是必要的。刘京林教授指出，权威性的高低和传媒影响力的大小相关，而可信性的高低可能决定着传媒影响力的有无。[②]随着社会的进步和人类知识的丰富，受众对媒介信息的解读能力越来越高，对传媒的可信性和权威性的要求也越来越高。

受众的逆反心理带有较重的情感色彩，它是缺乏理性的，不同于不同意见的争论。受众的逆反心理的形成虽然是有原因的，但认识常常是模糊的，即虽有认知成分，但情感成分是其核心，盲目地不满、抵触、对立是其主要表现。逆反心理会强化成一种定势，从而对受众后继接受新闻报道的心态和行为产生影响。如果新闻报道的内容、方式和从业者多次导致受众产生判断、情感、行为上的逆反，受众的逆反心理将会被强化，形成一种心理定势，以致受众在接触类似报道的内容、方式和从业者时，就会产生接受与理解的排斥与偏移，甚至不再理会。受众的这种思维定势一旦形成，对传者和媒体来说，无疑是一种

① 参见陈仲庚：《人格心理学》，辽宁人民出版社 1986 年版，第 301 页。

② 参见刘京林：《新闻心理学概论》，北京广播学院出版社 1999 年版，第 265 页。

灾难。因为大众传媒所发出的传播，在未被受众理解时，已被受众拒绝了。当受众因为某种原因对传媒或从业者产生反感时，即使他们认为传播的内容是真实可信的，也会导致逆反心理产生，对报道的内容不愿看、不愿听，甚至朝着报道内容所引导的相反方向去思考和行动。

逆反心理的副作用，往往会左右人们的思想路线，使人们放弃衡量客观事物的客观尺度，沿着偏激的思维方向考虑问题，以致把正确看成错误。如果受众对我们的新闻报道产生了逆反心理，也常常会使他们放弃衡量客观事物的客观尺度，对新闻进行反方向思维，对某些新闻媒体甚至整个新闻事业都产生怀疑。新闻受众逆反心理的产生，主要源于他们对新闻媒体信任感的丧失，自尊心受到了伤害等。而这些问题的产生又源于新闻报道违反了真实、客观、全面、公正等原则。

第三节　虚假新闻对受众道德情感的危害

一、虚假新闻与新闻传受者的道德情感

情感是人们面对客观事物时所产生的一种主观态度，是人对客观事物是否符合人的需要而产生的体验。[①]例如，社交需要、遵守社会道德的需要、对审美的需要等。情感是人类所特有的心理现象之一，人类高级的社会性情感主要有道德感、理智感和美感。

（一）受众的新闻情感与道德感

受众的新闻情感是指在新闻传播活动中，受众对感受到的新闻事件、新闻人物、传者的职业道德水平、职业技能等所产生的一种内在体验和意识倾向。受众的新闻情感并不是单一的，它包含着道德情感、伦理情感、理智情感、审美情感等。本节着重论述虚假新闻对受众道德情感的危害。

道德感是人们用道德标准去评价自己或他人言行举止是否符合其道德需要所引起的态度体验。这是一种对待事物，尤其是对国家、集体以及对待自己

① 参见叶奕乾、祝蓓里主编：《心理学》，华东师范大学出版社 1988 年版。

等方面的态度和体验，要求人的行为、举止、思想、意图符合社会道德行为准则。[①]如果符合社会公认的道德准则，就会对此思想言行表示肯定，产生一种满意的情感；反之，则会产生一种不满意的情感。我们平常所说的爱国主义、国际主义、集体主义情感，以及对事业的责任感、义务感等，都属于道德情感范畴。

（二）传者的新闻职业道德情感与虚假新闻

道德是人类社会生活中所特有的、由经济关系决定的、依靠人们内心信念和特殊社会手段维系的，并以善恶进行评价的原则规范、心理意识和行为的总和。[②]职业道德是从事一定职业的人们在自己的特定的工作中的行为规范。每个行业都有自己的职业道德规范。传者的新闻道德包含很多内容，坚持真实性是最基本的内容。离开了坚持真实性这一点，就谈不上新闻道德。[③]约瑟夫·普利策曾说过，一张报纸的良心和灵魂在于它的道德感、它的勇气、它的诚实、它的博爱、它对被压迫者的同情、它的独立、它对公众福利事业的投入、它服务社会的热忱，这一切超越知识、新闻、智慧的报道。[④]

传者新闻道德的要求之一是对受众负责，对我们来说，就是对人民负责。如实地报道事实，就是对受众负责的基本内容。坚持新闻的真实性是新闻工作者职业道德的核心，是对一个新闻工作者的最基本的要求。著名新闻工作者范长江在抗日战争初期曾撰文说道，有了健全高尚的人格，才可以做新闻记者。有了健全的人格，才可以谈到其他和技术问题。他认为健全的人格，最低限度要做到的第一条就是必须绝对忠实，必须以最客观态度，从事新闻工作。[⑤]

新闻传播，作为一种影响迅速、广泛的信息传播活动，在选择将什么样的新闻事实信息广布于社会公众的时候，必须考虑和顾及它在道德方面可能产生的各种效应。对报道对象的选择，必须符合社会道德规范的要求，能为受众普遍具有的道德观念所接纳。报道什么、怎样报道，应该有道德的考虑，应

---

① 参见刘京林主编：《新闻心理学原理》，中国广播电视出版社 2004 年版。

② 参见罗国杰：《马克思主义伦理学》，人民出版社 1981 年版，第 4 页。

③ 参见蒋亚平、官健文、林荣强著：《新闻失实论》（下册），中国新闻出版社 1986 年版，第 251 页。

④ 参见[]梅尔文·门彻著，展江译：《新闻报道与写作》，华夏出版社 2003 年版，第 717 页。

⑤ 参见《新闻研究资料》，总第七期，第 54 页。

该在公众利益、专业主义、报道对象的个人利益之间求得某种恰当的平衡。新闻报道要在总体上有利于社会的良性发展，有利于受众的心灵健康和人性完善。童兵教授曾说过，新闻传播的真实性，在新闻实践中，还必须以人类的道德规范加以考量。[①]虚假新闻传播的一个重要原因就是新闻工作者职业道德的缺失。

二、虚假新闻传播与受众道德情感

（一）大众传媒的道德功能与受众心理

受众在接受大众传媒信息的同时，潜移默化中，人们的思想和行为都不可避免地受到大众传媒的影响。大众传媒的道德功能，是指其传播过程、传播边界和监督功能对社会人群的道德认知、价值取向、道德范畴等心理机制的要素产生着显而易见的扩张与丰富作用。[②]有学者认为，由于巨大的影响力，当前大众传媒已经成为除家庭、学校和同辈群体外对人们的思想、道德、观念、行为等产生影响的教育力量。媒介作为一种文化的技术逻辑和力量，无情地塑造着大众的文化习性，人们通过媒介接受文化已经成为社会教育的普遍方式。[③]大众传媒不仅可以为受众建构信息化的道德环境，也可以为德育工作提供丰富、鲜活的德育资源。

以 G. 格伯纳教授为代表的美国传播学家所倡导的“涵化理论”认为，传媒对受众的思想观念起着潜移默化、耳濡目染的作用，“涵化”意指某种外来因素通过时间对人内心认知结构的潜移默化的影响。媒介会在表层上影响受众的行为方式，深层次则塑造人的社会观念。对大量的电视观众来说，电视实际上主宰和包容了其他信息、观念和意识的来源。接触这些相同消息所产生的效果，便是格伯纳等所称的教养作用，或者说教导了共同的世界观、共同的角色观和共同的价值观的作用。[④]该理论认为，电视在表现客观事件时，同时注入

① 参见童兵：《理论新闻传播学导论》，中国人民大学出版社 2000 年版，第 78 页。

② 参见吉爱民：《重构新媒体时代的精神“理想国”——大众传媒的道德研究及标准构建刍议》，《南京艺术学院学报美术与设计版》2008 年第 2 期。

③ 参见陈正良：《冲突与整合：德育环境的系统建构》，中国社会科学出版社 2005 年版，第 198 页。

④ 参见[美]沃纳·赛佛林、小詹姆斯·坦卡德著，郭镇之、徐培喜等译：《传播理论：起源、方法与应用》，华夏出版社 2000 年版，第 291—296 页。

了特定的文化和社会价值取向，受众在收看电视节目过程中，会被电视节目所隐含的文化和价值观“涵化”，形成受众脑海中的“观念（心理）现实”。在大众传播活动中，人类根据一定的价值观念对“拟态环境”进行颠覆和重建，“拟态环境”本身的变革又促成了人类原有价值观念的颠覆与重建。由此而产生出的新的价值观念又成为对“拟态环境”进行新的颠覆与重建的指南。大众传媒建构的信息化道德环境，为受众的现实生活提供了参照和借鉴，并且在一定范围内影响、塑造了受众的生活观念和生活态度。同时，大众传媒也通过受众对这一信息化的道德环境的认知来制约、影响受众的思想观念、道德情操，促使受众的道德习惯、道德行为的养成，从而发挥出较强的道德教育作用。

媒介涵化创造了一个世界观，这个世界观未必准确，却轻而易举地变成了现实，并基于这样的现实对我们自己的日常生活作出判断。[①]实际上，新闻涵化就是记者在新闻中暗示的他对新闻事件的观点，反映在新闻报道的各个方面。同一个事件被不同的记者报道，文字或图像的表述并不会完全相同，这种普遍特征就是一种不被受众注意的涵化。由于记者把某些主观因素纳入新闻中，新闻同客观事实之间发生了差异，记者的世界观给事实以至现实世界打上了烙印。[②]受众长期地接受虚假新闻的传播，不仅使受众对现实环境和拟态环境真假难分，更重要的是虚假新闻制造者的道德操守问题严重地腐化了受众的道德价值观。大众传媒在理论上或者理想化的层面上应该充分发挥其道德功能的时候，在现实生活中却越来越多地受到大众的道德批判。在社会受众的视角里，大众媒体应是主导道德观的形成者，而现在的某些媒体所传播的内容却在相当程度上没有达到甚至有悖于社会道德环境的健康发展。大众传媒的道德标准缺失，导致虚假的、无序的传播内容，相应地大众传媒也失去了它应有的道德功能的传播。

（二）虚假新闻对受众道德感的危害

1. 破坏受众的诚信道德感

诚信者，诚实、守信之谓也。诚信是人们的世界观和价值观在待人接物上

---

① 参见[美]斯坦利·巴兰、丹尼斯·戴维斯著，曹书乐译：《大众传播理论》，清华大学出版社 2004 年，第 317 页。

② 参见刘建明：《当代新闻学原理》，清华大学出版社 2003 年版，第 153—156 页。

的理性体现，它不仅是个人内在的理想追求与道德修养，同时也是社会有序运行的需要。作为新闻事件的记录者和传播者，新闻从业者应当把诚信作为职业的最高操守，把对事实与受众的尊重作为最基本的道德准则。只有这样，新闻从业者、媒体和受众之间才能形成一种良性呼应。传播信息、引导舆论、服务社会是媒介的三大主要功能，而这些功能首先是建立在诚信基础上的。按照赵心树先生的观点："在这个（美国媒体的伦理规范）伦理观念系统中，一个中心概念就是契约的概念。新闻伦理规范被看作是媒体和公众之间、媒体和政府之间、具体媒体和具体受众之间的（主要是指不成文的）'契约'和'微型社会契约'。"毫无疑问，诚信是新闻媒介应该遵守的伦理规范之一，自然也是媒介与受众之间的一份契约。这份契约是媒介赢得社会信任的基础，也是媒介稳定有序发展的保证。虚假新闻的传播不仅打破了这份契约，也破坏了媒介、社会与受众之间的诚信与和谐。虚假新闻的传播否定了受众的知情权，伤害受众的情感，易引发人与人之间乃至人们对整个社会的不信任。这种危害有时是隐形的，但却是深重的，最终会造成对媒体公信力的损坏、对新闻当事人的伤害和对广大受众的欺骗与愚弄。

2002 年 12 月 24 日海南某报报道："未来几年内，三亚有望成为世界上唯一能够公开品尝老虎肉的城市，这是记者从三亚市政府及三亚迈迪公司获悉的。根据中、泰合作企业三亚迈迪创建有限公司的发展规划，未来 10 年内，将繁殖孟加拉虎 3000 只以上。老虎大批人工繁殖，使"吃老虎"成为可能。"[①]纯属子虚乌有的"人食虎"虚假新闻传播后，不仅欺骗了受众，也给当地政府和当事人带来了严重的危害。"人食虎"虚假新闻的传播，引起绿色和平组织和林业部等国家部委的高度重视，被认为这是对《野生动物保护法》的粗野践踏，并对迈迪公司这种做法表示严正抗议。这给三亚市市委、市政府带来了极大的负面影响，也给迈迪公司实施这个项目制造了障碍和难度。迈迪公司担心，如不及时消除由此带来的负面影响，将会导致一场诚信危机。其后果是，泰国政府可能会把这 100 只老虎调回国内，这将会导致在三亚的这个项目整体流产。

2. 误导受众的道德判断

在受众的社会视角里，大众媒体是主导道德观的形成者，而虚假新闻的传

① 胡盛、杨作品：《海南惊爆虚假新闻》，《传媒》2003 年第 2 期。

播却在相当程度上没有达到甚至有悖于社会道德环境的健康发展，误导受众的道德判断。作为公共传播资源的受托使用者，媒体的信息传播具有强大的影响力，理应受到公共性和公益性的制约，承担起社会责任。媒体的虚假报道必然导致受众对现实世界的错误判断，形成错误的舆论，当错误舆论达到一定程度时，还可能影响甚至扭曲政府的决策。2006 年《“取消中医”签名达“万人”》的虚假新闻，签名“百余人”和“万人”的差别，就影响到人们对反中医者在人群中比例的判断。2007 年《史上最恶毒的后妈虐童》这一虚假新闻传播后，网络民愤像山洪一样爆发，许多中文网站论坛上演了一场道德审判：诸如“史上最毒后妈”“禽兽不如”“没人性”之类的谩骂、攻击利剑般射向后妈陈彩诗，甚至有人威胁要取其性命；也有不少网民将矛头指向当地政府和警方，认定其“失职”，不断有人打电话到事发地政府表示责怪。这位年轻妇女在重压之下对媒体“跪地喊冤”。不久，当地警方得出结论：“丁香小慧”的伤势是跌倒造成，陈彩诗并未虐待。这条虚假新闻的传播，误导了受众的道德判断，使陈彩诗成为了这场道德审判的受害者。虚假新闻的传播容易导致网络假新闻舆论暴力事件的发生，假借道德的名义，恶意制裁、审判当事人，对毫无还击之力的个体进行道德审判；行为上通过网络追查并公布、传播当事人的个人信息，煽动和纠集人群以暴力语言进行群体围攻，结果导致当事人在现实生活中遭到严重伤害并对现实产生实质性的威胁。①在这些事件中，当事人的真实身份、生活细节等个人隐私被公布于众，当事人承受的精神压力从虚拟的网络转移到现实生活，生活秩序被打破，身心受到严重伤害，同时影响了社会和谐稳定。

大众传媒的道德标准缺失，导致无序的、虚假的传播内容。这些假信息与真信息、有害信息与有益信息混杂在一起产生的信息污染，阻碍了受众道德人格的健康发展，尤其在与社会主流道德意识发生冲击和矛盾时，会导致社会人群在道德判断、道德认知上出现一种“无序的迷惘”，甚至向不健康的世界观和道德观偏移。因大众传媒的道德标准缺失，虚拟传播角色的随意性和隐匿性大行其道。随着新兴媒体的出现，“把关人”的概念和意识在逐渐模糊，受众真正以传者的身份出现在新闻传播中。匿名传播的谣言、任意发布的网络虚假信息，手机虚假信息的飞速传播，最终将导致人格欺骗、信任危机等负面

---

① 参见邓晓霞、王舒怀：《对“网络舆论暴力”说“不”》，《人民日报》2007 年 8 月 10 日。

道德现象。社会道德、传统价值观、主流意识形态对受众的影响逐渐减弱，责任和义务在受众的心里渐趋淡薄。以为“掌握了信息就掌握了世界”的现代人群在信息的海洋中极易迷失自我，一旦遭遇心理受挫，人们就会产生多疑、恐惧、防范等消极心理，最终加剧心灵麻木、冷漠以及带来更多的道德心理问题。

三、虚假新闻传播导致社会集体性道德恐慌

（一）虚假新闻传播会引起媒介道德恐慌

媒体恐慌论是指传媒在对社会恐慌事件进行大规模报道的过程中，会导致产生新的更多恐慌现象或恐慌心理的理论。[①]在西方，“道德恐慌”用来描述人们在对社会异常行为进行道德终极归因时，认为异常行为的增加是由于“道德”这种最高级的亲和力的缺失而出现的一种较强烈的焦虑心态。在西方传媒社会，“道德恐慌”主要是来自传媒对各种“异常的社会行为”的报道与渲染，如传媒对社会治安问题的过度敏感与异常的态度反应。霍尔等研究者的《控制危机》探讨了由报刊引导的银行行凶抢劫等社会治安事件而引发的道德恐慌。通过实验研究，霍尔发现，对20世纪70年代前期的暴力犯罪及由此带来的人们能够感知到的威胁，报刊作出了超乎寻常的反应。[②]

本书中所涉及的虚假新闻引起的“媒介道德恐慌”，是指大众传媒的信息传播行为及传播的虚假内容在社会公众心目中引起的大规模心理恐慌现象，主要是来自传媒的虚假报道与过分渲染。在当代传媒社会中，由于社会现实与由图像等构成的“拟态环境”的高度融合而形成的“真实的非真实性”特征，导致人们的生存状态发生根本性的变化，产生了当代传媒时代下受众的生存状态所导致的“道德恐慌”。这种“道德恐慌”具有根本性，因为该状态所具有的“真实的非真实性”特征模糊了现实与图像的界限，使得建立在社会现实性基础之上的社会秩序、道德规范等文化范式失去了赖以依靠的坚实的基础。[③]媒介对社会上某些现象和事件的关注程度远远超过了它们对社会可能构成的实际威胁程度。

---

① 参见邵培仁：《恐怖源于媒体？——媒体恐慌论介绍及启示》，《新闻记者》2007年第6期。

② 参见刘砚议：《后现代传媒语境下的“道德恐慌”》，《当代传播》2004年第3期。

③ 参见刘砚议：《后现代传媒语境下的“道德恐慌”》，《当代传播》2004年第3期。

（二）媒介道德恐慌会导致社会集体性道德恐慌

集体性道德恐慌指公众在错误的或被夸张的信息支配下所产生的风险认知和带有恐惧心理的集体反应。与通常的恐慌相比，集体道德恐慌的驱动力来自公众对某种威胁的一致性道德判断。按照缔造“道德恐慌”理论的社会学家斯坦力·柯恩之说法，每一次大规模的道德恐慌均与公众心目中有关某一事件或某一群体威胁社会整体价值观念和利益的联想密切相关。[①]

由虚假新闻传播引起的“媒介道德恐慌”的对象可分为三类，一是传媒和传者本身。二是受众。三是社会秩序的捍卫者。首先，是指传者和传媒本身的“道德恐慌”，即传者和传媒因职业道德水平下降制造虚假新闻，虚假新闻的泛滥必然导致传者和传媒的道德恐慌。其次，传者和传媒的这种普遍性的“道德恐慌”或虚假新闻自身的内容会通过传播作用导致受众的“道德恐慌”。最后，传媒、传者与受众的普遍“道德恐慌”，必然会引起现有社会秩序的捍卫者的高度关注，并由此引发社会秩序捍卫者的“道德恐慌”。由此环环相扣，从而最终导致社会集体性道德恐慌。这意味着，公众的恐慌并非是对社会现实环境的恐慌，而是对因媒体报道而形成的“拟态环境”或虚假新闻自身假内容的恐慌。“拟态环境”的环境化导致了受众根据大众媒介的信息来判断和采取环境适应行动，而“拟态环境”的虚假倾向提供给受众歪曲、错误的新闻信息，让受众完全背离了客观的现实世界，在这种状态下生存的受众更容易导致受众集体性的道德恐慌。

（三）社会集体性道德恐慌的危害

大规模的道德恐慌一般发生在社会经历巨大的快速变迁，而社会公众还未能适应变迁的时候。这种不适应给人造成一种“失控”的感觉，一种感到自己的生活脱离自我控制范围的恐惧。同时，人们常常根据联想，把对某些事情的恐惧转移到另外一些事情上面，或从一个恐惧对象转移到其他的恐惧对象。[②]

新闻媒体中虚假新闻的频繁出现，势必会导致社会的集体性道德恐慌。与媒介联系在一起的道德恐慌事件危害巨大，主要表现在：一是影响持续时间长，

---

① 参见景军：《艾滋病谣言的社会渊源：道德恐慌与信任危机》，《社会科学》2006 年第 8 期。

② 参见景军：《艾滋病谣言的社会渊源：道德恐慌与信任危机》，《社会科学》2006 年第 8 期。

影响范围广，甚至会造成波及全球范围的影响。二是破坏力大，恢复速度慢。这种恐慌现象更多的是对受众心理产生消极影响，要在短时期内完全消除这种心理恐慌几乎是不可能的。恐慌事件即使已经成为了“过去时”，但在随后的很长时间中，受众仍会对其“心有余悸”。三是隐性影响大。媒介引起的道德恐慌现象带来的负面影响通常会带来较大的“隐患”，此“隐患”虽然不像“非典”时期存在的抢购药品、白醋、口罩那样具有明显的破坏力，但其常常与人的社会心理和价值观念联系在一起。这种隐性的心理伤害往往要比肉体上的创伤更具破坏力，而且更难愈合，它给受众心理带来的是更深层次的消极影响。大众传播媒介如不避免类似情况的发生，便很有可能陷入前所未有的公众信任危机之中，而媒体一旦丧失了受众的信任，将失去存在的必要性。

美国传播学家 M. E. 麦库姆斯和 D. L. 肖提出的议程设置理论认为，大众传播具有一种为公众设置“议事日程”的功能，传媒的新闻报道和信息传达活动以赋予各种“议题”不同程度的显著性的方式，影响着人们对周围世界的“大事”及其重要性的判断。大众传媒作为“大事”加以报道的问题，同样也作为“大事”反映在公众的意识当中；传媒给予的强调越多，公众对该问题的重视程度也越高。[①]近年来，媒体对“纸包子”“注水西瓜”“毒香蕉”等虚假新闻事件的报道，在社会上引发了一定程度的媒介道德恐慌。受众对食品安全的恐惧可以经过联想转化到对生态环境安全的恐惧，并引起社会集体性的道德恐慌恐。

2007 年 7 月 8 日，北京电视台生活频道《透明度》栏目播出了题为《纸做的包子》的虚假新闻，新闻媒介制造虚假事件给受众提供议程，大量跟踪报道及评论的注意力都不在于揭露这一虚假新闻的真面目，而是把矛头纷纷对准生产包子的主人以及食品生产企业，引发了受众对于食品生产部门的集体道德恐慌。

诚然，“纸包子”事件引起的受众集体性道德恐慌，还与中国传统的道德观念相关。《管子·小匡》中说道，“士农工商四民者，国之石（柱石）民也”。从古代起，商人在我国的社会地位并不高，虽然在现代社会这种观念已得到很大的转变，但“无商不奸”的思想在中国人的道德观念中是根深蒂固的，这是

① 参见郭庆光：《传播学教程》，中国人民大学出版社 1999 年版，第 214 页。

人们对商人的一致性道德判断。“纸包子”虚假新闻正好印证了受众传统观念认为的“无商不奸”这一刻板印象，因此引发了一轮对从商者职业道德的强烈置疑和担心。[①]如果说“纸馅包子”虚假新闻未被揭露之前所引起的恐慌是公众对于食品安全问题和食品生产部门（或个人）的担忧，那么，当这则虚假新闻原形毕露之时，对于新闻从业者职业道德的集体道德恐慌也随之产生。公众指责的矛头指向了提供信息和真相的媒介，产生了对媒介内容真实性的恐慌，新闻从业人员的职业操守受到极大的怀疑。

① 参见李丽：《试论媒介道德恐慌的产生、危害及其治理》，《东南传播》2008 年第 1 期。

第六章　虚假新闻传播对受众行为的危害

虚假新闻传播后会对受众的行为产生什么样的影响，下面以“纸包子”新闻事件为例进行分析。从作者的问卷调查结果来看（如图 6-1、图 6-2 所示），在新闻媒体第一次传播“纸包子”新闻事件后和新闻媒体澄清“纸包子”事件是虚假新闻后，受众的两次购买行为发生了变化。新闻媒体第一次传播“纸包子”新闻事件后，受众在虚假新闻的影响下行为被误导了，只有 22.96%的网上受众和 29.89%网下受众选择继续去购买包子；而当新闻媒体澄清“纸包子”事件是虚假新闻后，受众的购买行为才逐渐恢复正常，不敢购买包子的受众人数比例在逐渐下降，而选择继续购买包子的人数比例很明显增加了，网上受众和网下受众比例分别为 40.47%和 53.02%。

由上可知，虚假新闻传播对受众的行为产生了很大的危害。心理学认为，认知和情绪情感是行为的心理基础，认知过程的终结点是行为。从前面第四章和第五章的阐述中可以得知，虚假新闻传播后，对受众的认知和情绪情感带来了不同程度的危害，导致了受众认知心理的失调，产生了认知偏差，同时也导致了受众负性情绪的产生，这势必也会误导受众的行为。大众传媒传播虚假新闻直接导致受众错误行为的发生，更严重地会直接导致受众的集合行为和盲从行为。

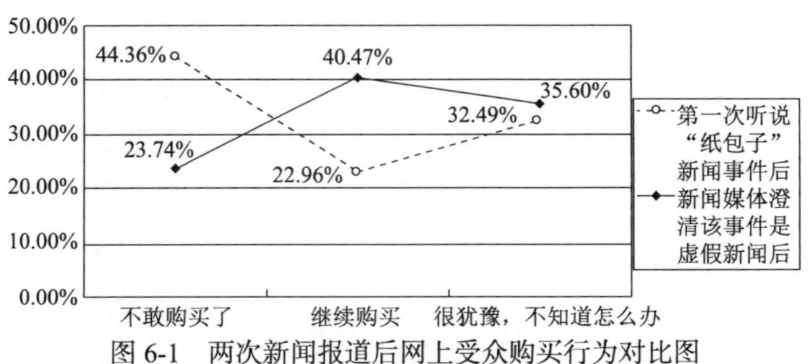

图 6-1　两次新闻报道后网上受众购买行为对比图

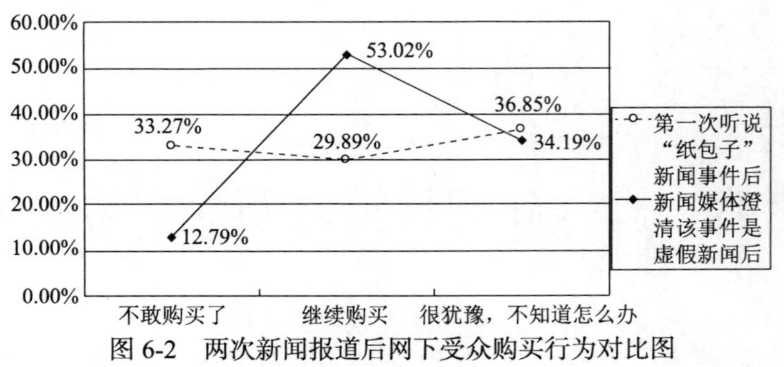

图 6-2 两次新闻报道后网下受众购买行为对比图

第一节 虚假新闻传播导致受众的错误行为

一、虚假新闻与受众的观察学习

行为主义心理学家认为，人类的行为都是后天习得的，无论是正常的行为还是病态的行为都是经过学习而获得的，也可以通过学习而加强或消除，环境决定了一个人的行为模式。社会心理学家班杜拉的社会学习理论认为，人的行为的决定因素，即人的因素和环境的因素不是孤立起作用的，而是“人—情境”相互作用的结果（如图 6-3 所示），从而使个体建立了为应付环境而习得的行为模式。其中，B 代表人的行为，P 代表个体特征，E 代表环境特征。[①]班杜拉、沃尔特斯等行为主义代表学家提出的社会学习理论强调人的行为和环境的相互作用，“人的一切社会活动都是在社会环境影响下，通过对示范行为的观察学习而得以形成、提高或加以改变的”[②]。

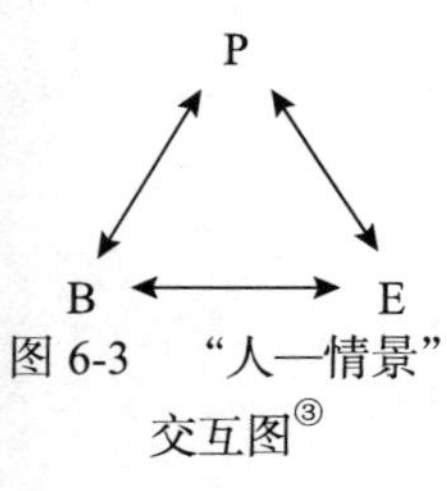

图 6-3 “人—情景”交互图[③]

将上述理论联系到虚假新闻的传播活动中，则 B 表示受众行为（受众接受虚假新闻信息后所产生的行为）；P 代表受众因素（如心理、生理等条件）；E 则指大众传媒传播的虚假新闻所营造出的一种整体的精神环境和舆论氛围。这个交互图可以解读为：受众行为、受众（个人因素）、传媒环境影响三者彼此相互联结，相互决定。

① 参见关培兰编著：《组织行为学》，中国人民大学出版社 2003 年版，第 54—55 页。

② 章志光：《社会心理学》，人民教育出版社 1996 年版。

③ 高觉敷：《西方心理学的新发展》，人民教育出版社 1987 年版，第 45 页。

在虚假新闻的传播活动中，受众行为的产生是某个体因素与虚假新闻传播所营造出的传媒环境交互作用的结果。而且，不同的场合对不同的行为是各不相同的，有时候虚假新闻所营造的传媒环境对受众行为产生强大的制约作用。

班杜纳强调，人们之所以学会一种特别的行为是因为这种行为经常能满足某种需要、伴随着愉快，或者可以避免某种不愉快的后果。同时，人们也会通过观察他人的态度和行为学到社会态度和行为。他认为，由于人有通过语言和非语言形式获得信息以及自我调节的能力，使得人可以通过观察他人的行为及结果，而不必事事亲身体验，就能学到复杂的行为反应。即学习者不必直接作出反应，也无需亲身体验强化，只要通过观察他人在一定环境中的行为，并观察他人接受一定的强化便可完成学习。[①]这种观察，既可以是对周围人的行为及后果的直接观察，也可以通过阅读、视听各种媒体中人的行为完成。观察学习属于一种间接学习，它与直接学习相对应的，都是社会学习的一种形式。观察学习是指通过观察他人的行为和行为的后果而获得新行为的过程，观察学习对象（刺激）不是直接作用于学习者，而是通过第三者的转述，特别是通过大众媒体来传递学习榜样。[②]从某种意义上来说，间接学习正是人类在抽象符号出现以后最主要的接受信息的方式，它克服了原来在对象不在场或超越在场状态下对事物无法理解的弊端，这就为传媒环境对受众感情和行为心理发生重大影响提供了可能。可见，虚假新闻传播所营造的传媒环境可能会成为受众观察学习的一个组成部分，从而对受众行为产生重要影响。

二、虚假新闻传播与受众错误行为的发生

人的社会化是通过学习完成的，人在不断地学习或模仿中获得自我认知。这种学习，可能是社会有意安排的，也可能是无意中获得的。大众传媒是影响受众社会化过程的重要因素，德弗勒认为，它是在无意之中起着类似教师的作用。在我国，大众传媒实际上也被有意安排作为社会教化工具。[③]现代社会，传媒是人类社会学习的一个重要途径。受众从大众传媒中获取的任何信息都有可能成为人们学习的依据，因为我们生活在一个被传媒包围的环境中，传媒环

① 参见叶浩生主编：《西方心理学的历史与体系》，人民教育出版社 1998 年版，第 261 页。
② 参见刘京林：《大众传播心理学》（修订本），中国传媒大学出版社 2005 年版。
③ 参见刘晓红、卜卫：《大众传播心理研究》，中国广播电视出版社 2001 年版，第 127 页。

境是影响社会心理的主要意识场境，而社会心理的认知、摹仿、趋群性等正是人们受传媒环境影响的潜在动力。[①]受众对传媒信息的接受，以观察学习的效果对情感和行为心理的影响最为巨大。

在受众的观察学习过程中，虚假新闻的暗示作用非常重要。暗示，就是用含蓄的方式，通过语言、行动等手段对他人的心理行为发生影响，使他人接受某一观念，或按某一方式进行活动。[②]易受暗示是人的心理特性，是人的一种本能，它是人在漫长进化过程中形成的一种无意识的自我保护能力。当感觉到威胁或处于危险的环境中时，人往往会根据自己的经验或本能，捕捉环境中的蛛丝马迹，来迅速作出判断，减少危险。这种捕捉的过程，也是受暗示的过程。这也是社会心理学家们提出的认知一致性的表现，当人与外在世界在认知上出现不一致性时，人会出现心理紧张或不舒服感，从而产生内心压力，想要尽快排除或降低这种不一致性。这时人们容易接受暗示，对接触到的相关信息迅速地接受，并依此作出行为反应。当受众接触到虚假新闻后，如果虚假新闻所传播的信息与自己的认知不一致，同样会基于排除或减轻心理压力的原因。产生认知一致性的表现。

“议程设置”是大众传媒最常采用的有意暗示方法。传播理论家通过实验发现，受众的注意力与传媒关心的议题几乎成正比。传媒有意赋予某些议题以显著性和重要性，以暗示受众这些是特别值得关注的议题，促使受众去了解、感受、思考、关心。在通常情况下，传媒都能实现这个目的。虽然认知心理学把人看作主动的知识探求者和问题的解答者，但在传媒的议题设置实验中，受众却经常受大众传媒的暗示或控制。当大众传媒不厌其烦，像播电视连续剧一样反复持续关注某一事件时，受众就会引发强烈的好奇心，渴求了解事件的进程和结果。长期受此暗示，受众就会不自觉地去模仿或学习。这就是勒庞感染说的三层构造：暗示—感染—模仿。感染是暗示的过程，模仿则是感染的结果。受暗示性被看成是群集性质的最基本要素。弗洛伊德指出，被暗示的受众，如果长期受到这些暗示和培养，就会不自觉地去学习或模仿。虚假新闻的传播者往往通过“议程设置”，引起受众的认知和学习兴趣，诱导受众的情绪、情感

---

① 参见肖支群：《传媒环境与社会心理》，《中南民族大学学报（人文社会科学版）》，2008 年第 1 期。

② 参见全国十三所高等院校《社会心理学》编写组编：《社会心理学》（第 3 版），南开大学出版社 1990 年版，第 306 页。

以及行为。

班杜拉认为，媒体中所表现的行为，除了可以作为示范行为而使人们通过观察学到新的行为模式，还可以影响已学到的行为的实施，即除了教会人们如何做之外，还对人们从事这种行为起到激励或抑制等作用。示范行为的影响除了类似教师的作用之外，还可能是行为的抑制者、激励者、煽情者，对价值观和社会真实概念的塑造者，等等。可见，虚假新闻除了误导受众的行为外，还对受众从事错误的行为起到激励或煽动等作用。

基于以上论述，我们可以看到媒介的示范行为和受众的社会行为紧密相关。这种紧密的相关性，为大众传媒提供真实、高质量的新闻信息提供了更重要的理论基础。如果大众传媒提供的是虚假新闻，则会直接导致受众错误行为的发生，背离正确行为。

第二节 虚假新闻传播引起受众的从众行为

一、从众行为的概念及性质

从众是指人们自觉不自觉地以某种集团规范或多数人意见为准则，作出社会判断、改变态度的现象。从众现象既包括思想上从众，又包括行为上从众，其主要特点是它对集团压力的服从性和服从的盲目性以及服从的去个性。[①]传播学中，从众是指个体在传播活动中不知不觉地受到某个群体的真实的或臆想的压力，而在知觉、行为或观点上所发生的与群体中多数人相一致的变化。[②]从众心理是指个体在群体的影响或压力下，放弃自己的意见或违背自己的观点使自己的言论、行为保持与群体一致的现象，即通常所说的“随大流”。社会心理学家认为，人类有一种天然的冲动去模仿他人的行为，这叫做社会从众行为。从众行为，一般指群体成员跟从群体的倾向行为。即当某成员发现自己的行为和意见与群体不一致或与群体中大多数人有分歧时，会感受到一种压力，这促使该成员采取与群体一致的行为。

从性质上划分，从众行为可分为两种：一种是对规范压力的自觉遵从，即

---

① 参见沙莲香：《社会心理学》，中国人民大学出版社 1987 年版，第 294 页。

② 参见郭庆光：《传播学教程》，中国人民大学出版社 1999 年版。

不丧失个性的理性从众；另一种是盲目的、去个性的非理性从众。理性一般指概念、判断、推理等思维形式或思维活动。[①]理性从众即指主体以概念、判断、推理等思维形式或思维活动为主导接受客体行为或态度的影响而产生的从众行为，它包括遵从、顺从和服从三种表现形态。非理性指用逻辑概念所不能表达的直观、直觉、本能的活动[②]，非理性从众就是主体以直观、直觉、本能的活动为主导接受客体行为或态度的影响而产生的从众行为，是在群体的影响和压力下，个体没有意见或放弃自己的意见而盲目采取与大多数人相一致的行为的心理状态，即盲目随从，简称盲从。本章节中所讲的从众行为是指虚假新闻导致受众的非理性从众行为，即盲从行为。

二、新闻信息与受众的从众行为

（一）从众行为产生的原因

从众行为的发生与否，从众程度的大小受到多种因素的影响。社会心理学家 M. 戴奇和 H. B. 杰拉德认为个体与他人表现出相同行为，可能受群体规范和所接受到的信息的影响。从众行为产生的主要原因有两种可能，一个人可能屈服于群体主要出于以下原因：一是群体压力，即人们想被群体接纳和免遭拒绝。群体压力，即群体中的多数意见对成员中的个人意见或少数意见所产生的压力。在面临群体压力的情况下，个人和少数意见一般会对多数意见采取服从态度。二是信息压力，或者是获得重要信息。信息压力，指的是一般人在通常情况下会认为多数人提供的信息，其正确性概率要大于少数人，基于这种信念，个人对多数意见会持较信任的态度。这两种可以分别命名为规范影响和信息影响。[③]

规范本来是“规尺”之意，用来规制人们的行为，后来用它来研究社会行为，指人们共同遵循的行为方式的总和。广义规范包括社会制度、纪律、道德、风俗等，都是一个社会里多数成员共有的行为模式。不遵循规范就要受到谴责或者受到法律惩罚。[④]一方面，规范影响是“与群体保持一致”以免受拒绝，

---

① 参见张春兴：《现代心理学》，上海人民出版社 1994 年版，第 488 页。

② 参见宋原放主编：《简明社会科学词典》，上海辞书出版社 1982 年版，第 605 页。

③ 参见[美]戴维·迈尔斯著，侯玉波、乐国安、张智勇等译：《社会心理学》，人民邮电出版社 2006 年版，第 172—175 页。

④ 参见沙莲香：《社会心理学》，中国人民大学出版社 1987 年版，第 290 页。

个体因为担心自己的行为与大多数人相悖时，会受到众人的非议与排斥而被孤立，所以作出从众的行为来得到人们的接纳或赞赏；另一方面，信息影响会导致人们接纳，当现实较为模糊时，其他人可能就会成为有价值的信息来源。他人的反应也会影响我们对模糊刺激情境的解释，与群体保持一致会使人们特别容易获得证实自己的决定是正确的解释。对社会形象的关注往往容易产生规范性影响，而希望自己行事正确则往往容易产生信息影响。规范影响来自于人们希望获得别人的接纳，信息影响来自于其他人为自己提供事实证据。①

（二）新闻信息与受众的从众行为

“集体意识或集体良心是‘同一社会一般公民共同的信仰和情操的总体’，它构成了社会团结的基础。”②正是在这一心理需求的基础上，传媒环境能形成无形的压力“迫使”受众形成集体意识或集体良心与其保持一致态度。受众对外部的了解主要通过大众媒体，并根据传媒提供的信息环境采取相应行为。当受众接受新闻传播时，由于实际上的或心理上的压力，或由于传播对象的权威性，对于新闻信息的取舍或理解采取了与大多数人相同的态度。

从新闻传播角度来看，受众接受新闻信息后产生的从众行为对社会和个人既产生了积极的影响，也产生了消极的影响。有利的一面是：能使新闻得以顺利传播，较容易实现新闻传播的预期效果。任何一个社会，不管从社会功能的执行还是从社会文化的延续角度来说，多数人的观念与行为保持一致都是必要的。人与人之间的顺利交往、社会秩序的维护和社会的正常运转，需要共同的语言、价值观和行为方式。新闻传播在维持多数人的观念与行为的一致性方面发挥着重要作用。在群体中，当受众意识到自己与大多数人不一致时，往往会产生焦虑紧张的情绪，难以适应外部的环境，而从众能使受众在接收新闻信息后达到心理平衡。从众行为能在一定程度上缓解或消除焦虑紧张的情绪，使受众得到群体中大多数人的接纳，满足受众正常的心理需要。受众也只有在更多的方面与社会的主导倾向取得一致，才能适应其赖以生存的社会。

当然受众接受新闻信息后产生的从众行为，也会对社会和个人产生消极影

---

① 参见[美]戴维・迈尔斯著，侯玉波、乐国安、张智勇译：《社会心理学》，人民邮电出版社，2006年版，第172—175页。

② 参见[法]杜尔克姆著，胡伟译：《社会学研究方法论》，华夏出版社 1988 年。

响。其不利的一面主要表现为：盲目的、去个性的消极从众容易使受众产生惰性，使受众产生对新闻信息甚至对“拟态环境”的极度依赖感，抑制了受众的创造性，使其创新意识日益减弱，失去了接受挑战的机会和个性发展的空间。当大众传媒营造的“拟态环境”提供的是虚假新闻时，受众从众行为的负面作用会对社会和个人带来更大的危害。

三、虚假新闻传播引起受众的从众行为及例证分析

人作为社会动物，总是力图从环境中寻求支持，避免陷入孤立状态。当发现自己属于多数或优势意见时，他们更倾向于积极大胆地表明自己的观点，最终形成一个以占上风观点为主的舆论场。如果传媒所提示的信息环境不能真实地反映客观世界，虚假新闻传播所形成的舆论场会导致受众的非理性从众行为，即盲从行为，这样势必会扰乱正常的社会秩序，甚至有可能导致社会失控。由于虚假新闻在一定程度上迎合了受众的追求猎奇、刺激、新异的心理，甚至是与人们日常生活紧密相关的事件，所以虚假新闻的传播有时会对受众产生“爆炸性”的心理影响。不少受众在这个舆论场中盲目跟风，缺乏理性，缺乏独立思考和独立判断的能力，导致盲目从众行为的发生。

虚假新闻传播后，受众不知道事情的真实情况，在信息压力的影响下，极易受“拟态环境”的暗示和影响而随时改变方向。这种盲目性，导致受众对同样事件的相应行为并非稳定发生，受众的自主意识极为薄弱，稳定性差。受众会不加分析地接受新闻媒介所提供的虚假新闻内容，而一旦身边有人采取行动，便会盲目追随他人采取相似举动。受众内心没有明确是非标准，对不规范行为及陈规陋习予以宽容和维护，有时会对社会造成不可挽回的损失。受众接受虚假新闻后的这种盲从行为，易使群体丧失活力，不利于群体的发展。群体内多数成员的从众容易使决策和决定出现偏差。在作决策和决定时人们往往由于受到某种压力而不愿发表个人的不同意见，以致出现一致的强行通过或在仓促间作出不正确的结论。在团体中无法听到不同的意见，尤其是反对意见，则无法激起大家的思考，不利于督促群体防止不良的倾向。如果群体内各成员不知道对接受的新闻信息进行真假是非的判断，而只是一味地任媒体来主宰自己的思想和观念，这往往会根据虚假新闻提供的信息采取完全错误的行动。虚假新闻导致受众的盲从行为在股市上表现得尤为明显。

2008 年“三鹿奶粉”事件风波未过，一则不利于酒类企业的虚假新闻又在市场流传开。9 月 23 日，国内多家财经网站发表虚假报道：“继蒙牛、伊利、光明液态奶被查出含三聚氰胺后，日前国家质监总局又抽查酒类产品，在包括贵州茅台等多家知名酒类企业产品中发现了致癌物质亚硝酸钠。”受此虚假新闻信息影响，购买酒类股票的股民在从众心理的驱动下，纷纷出现盲目抛盘行为。9 月 23 日，上证综合指数开盘报 2209 点，收盘报 2201 点。在大盘整体走势平稳的情况下，茅台和张裕等酒类股票几乎全线跌停（如图 6-4 所示）。青岛啤酒、张裕 A 均以跌停报收，贵州茅台收盘跌幅达 9.43%；同时，酿酒板块全线下跌，大部分白酒类股票均跌停。当日贵州茅台个股盘中最高价为 130.08 元，而最低价仅为 120.05 元，每股的振幅达到 10 元。

	代码	名称	涨幅%	现价	日涨跌	买入价	卖出价
1	000929	兰州黄河	-10.06	5.90	-0.66	—	5.90
2	600059	古越龙山	-10.02	8.80	-0.98	—	8.80
3	000568	泸州老窖	-10.01	24.17	-2.69	—	24.17
4	000869	张　裕A	-10.00	49.23	-5.47	—	49.23
5	000799	酒 鬼 酒	-10.00	5.76	-0.64	—	5.76
6	600779	水井坊	-9.99	14.41	-1.60	—	14.41
7	600809	山西汾酒	-9.99	9.73	-1.08	—	9.73
8	600559	老白干酒	-9.99	6.49	-0.72	—	6.49
9	000596	古井贡酒	-9.98	8.12	-0.90	—	8.12
10	600600	青岛啤酒	-9.98	15.52	-1.72	—	15.52
11	600132	重庆啤酒	-9.96	8.95	-0.99	—	8.95
12	600199	金种子酒	-9.76	3.42	-0.37	3.41	3.42
13	000995	皇台酒业	-9.48	2.96	-0.31	2.95	2.96
14	600519	贵州茅台	-9.43	120.31	-12.53	120.21	120.30
15	600365	通葡股份	-9.32	4.67	-0.48	4.67	4.68
16	000858	五 粮 液	-8.93	16.21	-1.59	16.20	16.21

图 6-4　2008 年 9 月 23 日酒类股票收盘价及日涨跌幅度行情

据悉茅台、张裕等酒含致癌物质虚假新闻来自人民网强国论坛，该帖被各大网站和论坛多次转载，某些网站在转载时还注明了“来自人民网的消息称”“据人民日报报道”等字样。[①]这条虚假新闻导致了股民们的盲从行为，严重误导了投资者，且给酒类股票的投资者带来了巨大的经济损失。一些不明真相的投资者对此类消息非常敏感，纷纷开始抛售手中的酒类股票，对资本市场形成了实质性的杀伤力。受众接受此条虚假新闻后，在一定程度上产生了消费信任

① http://www.jrj.com，2008 年 9 月 25 日，每日经济新闻。

危机，稍有风吹草动，就会草木皆兵，更是动摇了消费信心。我们不可回避的现实就是，民众一旦任虚假新闻继续传播下去，恐怕受众连酒也不敢喝。表现在股市上，仅仅是一条虚假新闻导致的大部分受众的盲从行为，就直接影响了中国的经济发展。

9 月 24 日，贵州茅台发布澄清公告[①]：第一，根据本公司获悉该报道之后立刻与国家质量监督检验检疫总局、贵州省质量监督检验检疫局及相关行业协会等有关机构所进行的沟通，本公司产品完全不存在个别媒体报道的上述情况。第二，我们注意到，个别媒体在完全没有事实依据的情况下，仅根据传闻发表不实报道，严重误导投资者和消费者，损害本公司声誉，并且给本公司及投资者造成了经济损失，请相关媒体不要再发布或者转载该不实报道。同时，本公司保留追究相关媒体和责任人员法律责任的权利。之后，国家质检总局、全国白酒行业协会秘书长等于 9 月 24 日上午约见新华社就此事作出相关说明。随着权威部门的信息发布，受众的盲从行为才得以消除。

第三节 虚假新闻传播导致受众的集合行为

集合行为是由美国社会学家帕克所提出，其是指一种共同的、集体冲动影响下的个人行为。人们参加一种集体行为，表示对某种行为有一个共同的态度，或类似的行动。但人们在开始时，并没有一个共同的态度，而是由于他们在相互交往时发生了集中于某些事物的倾向性，才逐渐产生了一些共同的态度和行为。郭庆光教授认为，集合行为指的是在某种刺激条件下发生的非常态社会集合现象，如火灾、地震后的群众骚乱，出于某种原因的自发集会、游行、种族冲突，物价上涨的流言引起的抢购风潮等。集合行为多以群集、恐慌、流言、骚动的形态出现，往往会造成对正常社会秩序的干扰和破坏。[②]

一、虚假新闻传播导致受众产生集合行为及例证分析

通常情况下，集合行为的发生需要 3 个基本条件：一是结构性压力。例如，

---

① 参见泰阳金鼎同花顺专业版上贵州茅台澄清公告，发布时间：2008 年 9 月 24 日。

② 参见郭庆光：《传播学教程》，中国人民大学出版社，1999 年版，第 95—99 页。

在物价不稳、政治动荡等危机状况下，社会上普遍存在着不安心理和紧张情绪，这些结构性因素是集合行为产生的温床。二是触发性事件。集合行为一般都是由某些突发性事件或突然的信息刺激引起的。三是正常的社会传播系统功能减弱，非常态的传播机制活跃化。[①]虚假新闻传播后，受众产生的非常态群体行为随时可能具备这 3 个条件，导致受众集合行为的发生。下面以 2003 年发生的“非典”事件为例来分析虚假新闻传播导致受众产生集合行为。

健康是人们最基本的权利。随着社会的发展和进步，健康问题日益引起人们的普遍关注。疾病的爆发流行往往会给社会经济发展和人民生命财产带来重大损失，因此全社会把对疾病的防治和健康问题提高到了前所未有的高度。事实上，人类的历史伴随着与各种疾病的斗争。回顾人类的发展史不难发现，由于病毒的作祟，传染病这一阴影始终亦步亦趋地跟随着人类，极大地影响着人类的健康。曾在世界范围肆虐的黑热病、鼠疫等使成千上万人患病、死亡，给人类造成巨大的损失。我国自秦汉以来的史书也有大量对瘟疫的记载。对霍乱、脑脊髓膜炎、肺结核、性病等传染性疾病的爆发，社会上普遍存在着不安心理和紧张情绪。人们心理普遍存在着对传染性疾病尤其是新传染病的莫名的恐慌，类似这样的结构性压力使“非典”事件导致受众产生集合行为具备了第一个基本条件。

集合行为一般由某些触发性事件或突然的信息刺激引起的。2003 年 2 月 8 日，“广州发生致命流感”这一突如其来的消息以各种形式悄悄地在人群中传播。“打个照面就死人”“怪病”“医护人员死亡”“无法救治”等消息到处流传。一时间，广州到处都充满了恐惧。这种突发的、不明病情的“致命流感”的信息使“非典”事件产生集合行为具备了第二个基本条件。

接着，小道消息控制了人们的思想，一度掀起了抢购药物和醋的高潮。“非典”伊始，新闻媒介最初表现的“失语”和“失真”，导致正常的社会传播系统功能减弱，非常态的传播机制活跃化，使“非典”事件产生集合行为具备了第三个基本条件。

新闻媒介一开始对“非典”事件采取不报道的态度，即通常所说的“压”新闻。“非典”病例在 2002 年底就先后出现，2003 年 1 月下旬广东省卫生厅

① 参见郭庆光：《传播学教程》，中国人民大学出版社 1999 年版，第 95—99 页。

为此做了疫情通报，但广东省和全国的其他媒介基本是沉默无语，从而导致小道消息和流言通过各种渠道的盛行。直至流言飞起，人心波动，抢购潮涌起，广东媒体才于 2 月 11 日正式介入并展开大面积报道，但这也仅仅限于广东。就我们所看到的，在 3 月 13 日之前的《人民日报》上，基本上没有“非典”的报道。[①]据新华社 2003 年 4 月 4 日报道，卫生部领导 4 月 3 日在国务院新闻发布会上表示：“中国局部地区已经有效地控制了非典型肺炎疫情，积累了比较宝贵的预防和治疗经验。因此，到中国来工作、旅游、开会等是安全的。”于是，“中国是安全的”“欢迎世界各地人士来华旅游”等报道、图片在媒介中纷纷出现，呈现出一派风平浪静的虚假景象。政府和媒体权威声音的缺失，很容易使媒体缺乏及时准确的信息报道。相应的受众接受信息就会不可避免地发生某种变形、扭曲和放大，导致谣言有机可乘，从而成为社会舆论的主要形式。受众在无法分辨真假信息时所采取的“宁信其有，不信其无”的认知态度和从众心理，被某些投机不法分子利用并肆意地制造怀疑、恐慌甚至愤怒的情绪，最后导致集合行为的发生。

二、虚假新闻与集合行为中流言的传播

美国社会学家 H. 布鲁默认为，集合行为的初步形态是“循环反应”。所谓循环反应，即一方的刺激成为另一方的反应，而另一方的反应则又反过来成为这一方的刺激的循环往复过程。集合行为中的主要信息形式是流言。流言是一种信源不明、无法得到确认的消息或言论，通常发生在社会环境具有较高的不确定性，而正规的传播渠道（如大众传媒等）不畅通或功能减弱的时期。[②]一方的不断跟进造成另外一方的不断沉默，导致流言以不可思议的速度扩展。美国心理学家 G. W. 奥尔波特认为，在一个社会中，流言的流通量与问题的重要性和涉及该问题的证据暧昧性之乘积成正比。[③]流言的话题通常是围绕人们比较关心的、涉及切身利益的重要问题；来自正规渠道的信息不足、状况的暧昧性增加，导致人们会转而向流言寻找答案。集合行为中信息的流动呈非常态，

① 参见黄旦等：《全世界在观看——从传播学角度看“非典”报道》，《新闻记者》2003 年第 6 期 php?TxtID=553&&ClassID=32&&now_offset=.。

② 参见郭庆光：《传播学教程》，中国人民大学出版社，1999 年版，第 98 页。

③ Allport, Gordon W. : The psychology of rumor, New York: Henry Holt (1947)，pp133—135.

信源和信宿模糊、互动性极强，具有如下特点[①]：

第一，流言信息的快速增殖。在集合状态下，流言的传播或散布大多以“即兴演讲”的方式进行，即一人或少数人面对同样处于匿名状态下的多数人、数十人乃至数百人进行传播，再经过暗示、感染直至模仿，使得流言信息连同它携带的亢奋情绪以超乎寻常的速度弥漫开来。

第二，流言信息的奇异回流。在集合行为里，人人都可成为信息的传者或受者，人们往往不会考虑也不必为信息的正确性或准确性负责，每个人接受到信息时，都可以根据自己的意愿对流言进行加工、改造。这就造成一种奇异的信息回流现象，同一流言在经过若干人的传递之后，又重新回到它的发布者那里，而此时由于流言已经增添了许多新的内容，甚至发布者本人也很难辨认其原貌，于是往往会把它作为新的信息加以接受。如此循环往复，使得流言不断增殖。

“非典”早期，在负面信息封锁的理念下，媒体对这一突发性事件的“失真”和“失语”，导致受众无法从主流媒体上获知关于“非典”的充分信息，在实际上造成了两个后果：一是在媒体的遮掩下，本来是地区性的“非典”迅速波及全国 25 个省份，引起了社会不同程度的恐慌。原本希望通过媒体的信息“沉默”来消除社会恐慌，却造成了更大规模的社会恐慌。由于缺乏正当的获取信息的渠道，谣言、流言、“小道消息”满天飞，受众在极度恐慌的心理状态下，出现了抢购醋和板蓝根的风潮。二是由于媒体的“沉默”，“非典”疫情在人们不知情的情况下加快了传染速度，最终使一个地区性的传染病迅速成为全国性甚至世界性传染病，从而丧失了最佳的治疗和控制的时机。

第三，谣言乘虚而入。传播障碍或者传播隔阂会使社会稳定受到严重影响。而信息传播系统的不畅通，必然使信息以扭曲的方式——谣言或传言（俗称“小道消息”）进行传播，形成“流言四起”的状况。正是这种“小道消息”引导着受众的从众心理和跟风行为，加大了从众心理和跟风行为的盲目性，这在更大程度上造成了人心恐慌与社会混乱的局面，而社会的混乱又反过来给谣言或传言的滋长提供土壤，形成恶性循环态势。

谣言是从不知名的来源发生、通过非正式的途径而传播的信息，它往往是

---

① 参见郭庆光：《传播学教程》，中国人民大学出版社 1999 年版，第 98 页。

人们处在情况不明的时候，利用集体想象构造出来的没有确切事实根据的对某一广泛关心的事件的信息描述。谣言是有意凭空捏造的信息[①]，也可以通过对正确信息的加工、歪曲而成。在“非典”事件的传播过程中，出现了一些别有用心的煽动者和利用者。他们利用人群的狂热情绪和巨大能量来达到某些特定的目的，而散布谣言则是操纵人群的有效方法，因为在集合状态下，人们很难具备识别谣言的能力。谣言的快速扩散，不断把人群的行为引向极端，直至造成破坏性的后果。2003 年 2 月 9 日，中国南方发生了抢购醋和板蓝根的风潮，因为熏醋和服用板蓝根在当时被认为是预防的好方法。第二天抢购风达到高潮，几乎所有的药店都人潮涌动。平时一大包 10 元以下的板蓝根飙升至三四十元，普通白醋的价格节节攀升，从 10 元涨至 80 元到 100 元。[②]

三、虚假新闻导致受众产生集合行为的负面影响

（一）受众集合行为呈现无组织的无序状态

集合行为中的传播可以分为两个方面：一是信息本身的传播。二是与此相伴随的情绪情感的传播。但是，它们都摆脱不了暗示与感染机制的支配。集合行为中的暗示更接近临床医学中的催眠暗示，换句话说，集合行为中的参加者通常处于亢奋、激动的精神状态，这种状态使他们对周围的信息失去理智的分析和判断，表现出一味的盲信和盲从。法国社会心理学家古斯塔夫·勒庞认为，处于激动的人群中的个人具有很强的被暗示性，周围人的话语、表情、动作乃至现场的氛围，对他都是有力的暗示刺激，使他的信念、思维和行为方式迅速与现场的人群融为一体。[③]处于集合行为中的人群易产生群体感染，即指某种观念、情绪或行为在暗示机制的作用下，以异常的速度在人群中蔓延开来的过程。在这个过程中，一种情绪和观点会迅速支配整个人群，并迅速引发整个人群的激烈行为。

受众的集合行为呈现无组织的无序状态。勒庞认为，人处于集合行为中，有意识的人格已经消失，无意识的人格占据主导地位，情绪和观念的感染、暗

① 参见郭庆光：《传播学教程》，中国人民大学出版社 1999 年版，第 99 页。

② 参见陈志华：《非典百日实录》，《南方都市报》2003 年 5 月 21 日特刊。

③ 参见[法]古斯塔夫·勒庞著，冯克利译：《乌合之众：大众心理研究》，中央编译出版社 2005 年版。

示的影响使群众心理朝某一个方向发展并具有将暗示的观念立即转变为行动的倾向。这时，个人的文明程度降低，理性思考和自我控制减弱甚至消失。集合行为往往都处于匿名状态，集合行为的匿名状态为失范传媒提供潜在的受众群。在集合行为中，个体之所以会做出他平时很少出现甚至根本没有做过的越轨行为，是因为他处于匿名地位，没有明确的个人标志，受众接受违规信息也不必承担传播者破坏规范的后果，由此产生无责任或责任分散的心理。同时，匿名状态也会使人的群体行为对社会规范的遵从性降低。[①]虚假新闻引起的受众恐慌心理造成了群体中的一种整体气氛或情绪，在此种情景中受众更容易被感染。在恐慌中人们很容易产生被动接受和模仿行为。在紧急情况下，人们往往是不假思索地趋同于他人的行为。

2007 年“香蕉致癌”的虚假新闻事件，同样导致了受众集合行为的产生。2007 年 3 月 13 日，广州《信息时报》推出广州香蕉感染“蕉癌”的新闻报道，把香蕉生产中一种叫“巴拿马”的病害比喻成蕉癌。新闻传播后，市场上立即出现香蕉有毒的谣言。接着，3 月 20 日，《广州日报》曝光了 12 种常吃的“毒”水果，香蕉也赫然列入其中。受众接收到该新闻后，逐渐地产生排斥香蕉的心理，并由最初的个别行为发展到集合行为。海南香蕉从 3 月 20 日前平均 2—3 元/公斤，一路走低，最低收购价仅为 0.3 元/公斤，甚至降低到 0.15 元/公斤。这导致海南香蕉在市场上的销量大减，每天运销岛外的香蕉更是从原来的 7000—10000 吨一下子锐减到 3000 来吨，很多香蕉烂在地里，给海南的香蕉产业带来了毁灭性的打击。[②]

（二）受众集合行为群体模仿的“非理性”

法国社会心理学家 J. G. 塔尔德在 1890 年出版的《模仿的法则》一书中认为，社会上的一切事物不是发明就是模仿，而模仿是最基本的社会现象。模仿又分为无意识模仿和有意识模仿。前者是个人在不自觉状态下对他人行为的反射性仿效，而后者则是基于一定动机或目的的自觉仿效。人在社会化过程中的各种学习，也可以说是一种自觉的模仿或有意识模仿。集合行为中的模仿更多

① 参见[法]古斯塔夫·勒庞著，冯克利译：《乌合之众：大众心理研究》，中央编译出版社 2005 年版。

② 参见卿志军：《农业市场风险规避中新闻信息的有效传播——海南“香蕉有毒”事件分析》，《新闻窗》2008 年第 1 期。

地表现为无理智的、条件反射性的模仿。虚假新闻传播后，受众处于一种“真假难辨”的心理状态，而最简单省力的反应就是直接模仿“拟态环境”中媒介的示范行为，于是便出现了相互模仿的群体现象。

心理学认为，这种模仿是出于人的防卫本能，在具有高度不确定的突发事件中，每个受众都希望与在场的多数人保持一致，把它作为最有效的安全选择。但是，这种非理性的相互模仿所带来的结果又可能是最不安全的，其所带来的危险要比冷静对应大得多。从集合行为的群体心理来看，集合行为的参加者通常处于亢奋、激动的精神状态，这种状态使他们对周围的信息失去理智的分析判断能力，表现为一味的盲信和盲从。在这样的机制作用下，恐慌的情绪在人群中以异常的速度蔓延开来。

例如，“非典”事件前期在社会上盛行着各类虚假新闻，如熏醋、喝板蓝根可以防治“非典”，盐水有杀毒作用，补碘可以防“非典”，放鞭炮可以有效治疗等。而对于普通民众而言，买醋、买盐、放鞭炮这些行为都是可以仿效的，并且迎合了群体面对灾难“宁可信其有不可信其无”的普遍心态。因此，这些观点、意见非常容易被受众模仿，并由个别模仿发展到群体模仿。“非典”爆发伊始，北京全城 1000 多万人，人人喝汤药。板蓝根、醋类保健品脱销，各种日用品贴上了增强免疫力的新标识。这种集合行为的群体模仿呈现严重的“非理性”状态，最终导致社会上种种忐忑不安、紧张和恐惧情绪在人群中相互感染和蔓延。

第七章　防治虚假新闻的应对措施

第一节　行业和政府防治虚假新闻的制度对策

一、行业自律[①]

追求新闻真实性是中外新闻业界与学术界的共识，也是受众对新闻的最根本需求。某些新闻工作者对新闻角色的无知，媒体责任感的缺失正是导致虚假新闻频频出炉的根本原因。媒体的社会责任就是报道事实，尽自己的努力最大限度地接近事实，让受众了解事实真相。原新闻出版总署署长柳斌杰曾在“媒体的社会变革之力：权利与责任的平衡”的主题会议上着重指出：中国媒体的首要职能是及时真实地传播信息，把国内外每时每刻发生的重要事件真实地告诉公众。[②]任何一个行业在发展到一定阶段后都会形成一套较为成熟的职业操作规范，它是行业发展水平的一个标志，从业人员依靠这套规范明确自己的角色地位，并把它作为自身行为的底线。遵守职业规范，“以自律求自由”，可以为传媒获得较多的弹性活动空间。从职业规范的层面应对虚假新闻，是一种较为长远的做法。虚假新闻的防治，行业自律是第一道防线。

新闻行业自律是由新闻媒体及其从业人员通过自行制定的新闻行业自律章程、制度、公约和守则等，对自身从事的新闻活动进行约束、自我限制、自我协调和自我管理，使自己的行为符合国家的法律、法规和职业道德、社会公德的要求。[③]目前，我国最重要的新闻行业自律规范是1991年中华全国新闻工作者协会于1991年颁布的《中国新闻工作者职业道德准则》（此准则于1994

---

① 此部分所讨论的行业自律仅限于作为整个产业的传媒行业，而不包括单个的媒体单位，指通过“行规和行约”进行行业内部自我管理、自我约束的一种措施。

② 引自中国网 http://www.china.com.cn/chinese/PI-c/433710.htm（2003/11/03/09：17）。

③ 参见陈绚：《新闻道德与法规：对媒体行为规范的思考》，中国大百科全书出版社2005年版，第123页。

年、1997 年、2009 年三次修订），中国广播电视协会制定的《中国广播电视从业人员自律公约》，中国报业协会于 1999 年通过的《中国报业自律公约》，中国互联网协会在 2004 年制定的《中国互联网行业自律公约》，以及中国广播电影电视社会组织联合会、中国出版协会等在 2015 年签署的《新闻出版广播影视人员职业道德自律公约》。

在对新闻从业人员的素质教育中，职业道德教育是核心。要加强新闻从业人员的职业道德教育，讲诚信，戒虚假，应是最基本的要求。《中国新闻工作者职业道德准则》第 4 条规定：新闻工作者要“维护新闻的真实性”，“真实是新闻的生命”。“新闻工作者不得弄虚作假，不得为追求轰动效应而捏造、歪曲事实。力求全面地看问题，努力做到从总体上、本质上把握事物的真实性。工作要认真负责，避免报道失实。”《中国报业自律公约》第 2 条规定：报纸不以任何“未经核实的报道内容作为报纸参与市场竞争的手段”。《中国广播电视从业人员自律公约》第 11 条规定“坚决反对‘有偿新闻’、‘虚假新闻’”。《中国互联网行业自律公约》第 3 条将“诚信”作为互联网行业自律的基本原则。《新闻出版广播影视人员职业道德自律公约》第 2 条规定“秉持真实客观公正原则，不搞有偿新闻和虚假新闻”。显然，对新闻工作者来说，维护新闻真实是职业责任的要求，也是道德修养的底线。

可见，行业自律的基本要求是新闻的真实性，核心是构建新闻职业道德，目标是新闻专业主义。真实准确是新闻的生命，报道真实新闻应作为最重要的新闻职业道德自律信条。《联合国国际新闻道德信条（草案）》正文的第 1 条即是：“报业及其他新闻媒介的工作人员，应尽一切努力，确保公众所接受的消息绝对准确，应当尽可能查证所有的消息内容，不能任意扭曲事实，也不能故意删除任何重要的事实。”①最具影响力的道德自律信条《报人信条》第 4 条写道：“我相信，报人只应写作他所深信为真实的东西。”②要达到这一要求，首先必须构建起新闻职业道德。新闻职业道德是新闻媒体和新闻工作者的道德原则和道德规范，它是用来约束和规范新闻职业行为的一种道德。“荣誉和舆论

① 胡兴荣：《新闻哲学》，新华出版社 2004 年版，第 314 页。

② 该信条由密苏里大学新闻学院原院长瓦尔特·威廉所订立，参见蓝鸿文：《世界扫描：新闻自律的一项基本建设——道德信条》，《国际新闻界》2001 年第 2 期。

谴责——名誉的正反面——便通过给予行为者以巨大的快乐和痛苦，而极富成效地推动他遵守道德、阻止他违背道德。”①新闻职业道德规范一旦内化为传播主体的道德观念，就意味着传播主体获得了评价自我职业动机和行为的标准，也就形成了传播者的职业良心，它反过来又成为调节新闻道德的力量。

新闻职业道德的构建，将促进新闻专业主义的形成。展江教授认为，新闻专业主义的核心是新闻报道的客观性，相信可以从非党派、非团体的立场客观地报道新闻事实，目标是服务于全体公众，而不是某一利益团体，在具有商业和政治双重性质的机构中，强调自己是公共利益的保卫者，以此获得公众信任。新闻专业主义有两个主要特征：客观的反映者和中立的把关人。在商业社会环境中，媒体可以是独立于政府、独立于市场的，用专业的价值观和力量加强新闻工作者对自我职业形象的心理需求，将专业的规定内化为自我约束，成为新闻工作者恪守的最主要的新闻职业规范。②我们要大力提倡新闻专业主义教育，将对传者的专业主义教育的培训纳入其媒介成长和记者个人成长的规划中，并由媒体出资，高校提供专家教授来完成。

然而就目前来看，我国的行业自律远没有发挥其应有的作用。“纸馅包子”虚假新闻事件从表面上看是北京电视台《透明度》栏目组工作人员审稿不严、追求轰动效应造成的，但从更深层次来看则是由于行业自律的缺失。行业自律缺失的原因是多方面的，如传媒的职业权利与党政权力的混同有可能使记者动用含有一定的“权力”的采访“权利”谋取私利，编辑部与经营部混岗容易诱发“有偿新闻”，利益驱动引发的传媒生存竞争加剧了传媒从业人员职业责任感的淡化，历史和体制的原因导致职业精神的熏陶严重匮乏，缺乏具体、可操作的自律规范和有效的规范执行机制③，以及新闻媒体对待新闻造假人员的态度存在误区④。

针对目前媒体自律性不理想的情况，很多专家学者提出了防范对策，如用制约和奖惩机制加强编辑、记者的管理，建立“黑名单”制度，建立媒体信用

---

① 王海明：《新伦理学》，商务印书馆 2001 年版，第 574 页。

② 参见胡舒立：《新闻专业主义的领悟者和实践者》，《中国经济时报》，2004 年 10 月 27 日。

③ 参见陈力丹、孟祥晨：《传媒应有更多的自律：对〈关于新闻采编人员从业管理的规定（试行）〉的解读》，《当代传播》2005 年第 5 期。

④ 参见唐彩红、段宗明：《中西方新闻失实比较》，《钦州学院学报》2005 年第 9 期。

等级制度，建立失实责任追究制度，建立新闻公评人制度等。笔者认为，制度保障应与道德宣教同时并举。在加强自律制度的可操作性和建立强有力的执行与监督的机制的同时，应逐步提高媒体从业人员的新闻职业道德素养，促进“媒体道德生态”的繁荣生机和良性发展。

二、法律规制

虚假新闻的防治不是道德自律和行业自律就能解决的问题，新闻活动和其他社会行为一样，都应该置于法律的监督管理下。正如蓝鸿文教授所指出的：“只有将对虚假新闻的治理纳入法律的范畴，让有关责任人承担相应的法律责任，才能从根本上解决虚假新闻的问题。”[①]因为从新闻价值的核心要素和新闻产品质量的标准来看，真实性不再是一种模糊、弹性的道德要求，而是一个明智、刚性的法律标准。我国对新闻真实性的要求，除媒体的行业自律外，还有政府的法律规制。[②]

（一）政府的信息公开法律责任

虚假新闻传播后，受众的负性情绪得以产生，甚至会出现一些心理上的变异。这就要求媒体在发挥传播信息功能的同时，还起着舆论引导和社会心理指导的巨大作用，需要消解受众心理变异因素所产生的负面影响。研究显示，如果进行有效的应对管理，政府能及时提高信息的公开度、透明度，注重对公众心理的引导，便能大大消解公众的负性情绪。这样受众不仅可以很快摆脱危机所带来的消极影响，恢复正常的生活，而且能够增强自身的危机意识和防范心理。

传播学者奥尔波特和波斯特曼曾提出一个著名的关于流言传播的公式：R=I×A/C，其中 R 是指流言，I 是指所传流言对传者的重要程度，A 是指所传

---

① 蓝鸿文：《新闻伦理学简明教程》，中国人民大学出版社 2001 年版，第 81 页。

② 对虚假新闻的法律规制可见于众多法规之中，如《出版管理条例》《报纸质量管理标准（试行）》《期刊出版管理规定》《报纸出版管理规定》《广播电视管理条例》《报刊刊载虚假、失实报道处理办法》《网络出版服务管理规定》《互联网新闻信息服务管理规定》《关于维护互联网安全的决定》《关于新闻采编人员从业管理的规定（试行）》《政府信息公开条例》《关于对证券、期货专业报纸和期刊加强管理的通知》《关于加强证券期货信息传播管理的若干规定》《中华人民共和国证券法》、《突发事件应对法》。这些法规无一例外地都规定了新闻报道必须真实、准确。

流言的模糊度，C 是指公众对待流言的批判能力。[①]用文字表述为，公众愈认为重要的信息，同时愈感到模糊不清的信息，传播得愈快愈广；而若公众的批判能力愈强，则这些信息的传播量便愈稀少。这个公式对于为虚假新闻传播后政府和传媒如何采取应对措施提供了思路。

不能公开或难以公开是产生虚假新闻的重要根源之一，社会的整体公开和透明是减少和消除虚假新闻的根本途径之一。真实是虚假的敌人，谣言止于公开，传者必须将“第一时间”与“实事求是”紧密相连。虚假新闻传播后，对于受众认为重要的但又不太清楚的信息，如果政府能够及时提供准确而清晰的信息；如果当不利于社会稳定的信息形态的舆论流动时，政府能够公开地、及时地澄清问题，并提供认识问题的方法（即提供一种批判能力），那么便能使虚假新闻传播后给受众心理所带来的负面影响最小化，在最短的时间内提供真实信息扼杀虚假新闻。在信息形态舆论流动过程中的任何一个阶段，如果公众能够满意地接受政府和传者提供的及时透明的信息，同时也接受了这些信息中的符合社会规范的暗示，那么这种舆论便纳入了较为规范的社会影响之内。[②]

及时权威的信息披露机制，是虚假新闻事件防范机制中的一个重要组成部分。公开透明是新闻媒体牢牢掌握话语权、主动权的迫切需要。真理（包括科学真理、事实真相）是揭露谣言的最具权威性的武器。通过信息公开来防止虚假新闻是明智之举，政府责无旁贷。在任何虚假新闻面前，真实信息的披露是最有力的回击手段，是消除民众恐慌的“定心丸”。当政府畅通了信息渠道时，虚假新闻便会不攻自破。政府的公开、透明度能使之牢牢把握住舆论的主导权，有力、有序、有效地引导受众舆论。2008 年 5 月，《政府信息公开条例》开始实施，信息公开成为政府的法定义务。虚假新闻传播后，政府应高效决策和快速行动。政府和传者应直接在第一时间告知受众事件发生的前因后果和发展状况，告知得越快、信息量越大、透明度越高，受众越相信政府的诚意，对真实性的认可度越强，对事件的判断力才能越准确，虚假新闻自然也无处藏身。同时，相关部门也要学会积极运用手机、互联网等现代科技进步成果，让更多的受众随时掌握事情的真相。

---

① Allport, Gordon W.：The Psychology of Rumor, New York：Henry Holt，（1947），p133-135.

② 参见屈志坚：《从假新闻的出笼看把关人的缺位》，《传媒观察》2007 年第 9 期。

（二）虚假新闻传者的法律责任

心理学认为，一般情况下，人在特定条件下存在多种动机，选择某种动机就意味着放弃其他动机。这就存在一个动机选择问题，而动机选择必须经过动机斗争、冲突才能实现。犯罪心理学和违法成本理论认为，人们都具有“趋利避害”的本性，违法行为需要支付的成本或代价（如被法律惩处而遭受的良心上、名誉上、精神上、经济上、肉体上的损失与痛苦等），如果足以让正在准备实施违法行为的人望而却步，才能对违法行为起到遏制和制约作用。同时，“目睹”别人为实施违法行为付出沉重代价的人，彻底意识到自己如果也实施同样的违法行为，必然重蹈“邻人”的覆辙。其结果是这种“邻居效应”会让绝大多数可能的违法行为人从中吸取教训，转而寻求守法的途径，免得支付巨大的违法成本。这就挽救了一批可能（潜在的）违法者，实现了法律的目的。

在对虚假新闻进行违法预防的措施中，虚假新闻的制造者和传播者的法律责任是最重要的违法成本。追究虚假新闻法律责任的前提是：对虚假新闻有无法律的禁止性规定，或者对新闻的真实性有无法律上的明确要求。从我国现行法律的规定看，虚假新闻可能侵犯相关主体的知情权、隐私权、名誉权等基本人权或民事权利，甚至还可能构成诽谤等犯罪。基于此，虚假新闻制造者和传播者（包括刊登虚假新闻的媒体、虚假新闻的投稿人、消息提供者以及参与造假的记者、媒体等）应承担相应的法律责任。

1. 传播虚假新闻承担引发的民事法律责任

虚假新闻是虚假陈述的一种，其不仅违背了‘诚实信用原则’这一民法的根本原则，还违反了一些法规的具体规定。《报刊刊载虚假、失实报道处理办法》第 2 条、第 3 条，《出版管理条例》第 28 条，《期刊出版管理规定》第 26 条，《报纸出版管理规定》第 26 条，《网络出版服务管理规定》第 24、28 条，《关于维护互联网安全的决定》和《突发事件应对法》等都对传播虚假新闻的媒体的民事责任和当事人的民事权利进行了确认。

（1）侵权责任。对于有特定指向的虚假新闻，其侵害对象往往是特定采访对象或与采访对象相关者，且直接作用于侵害对象。对于无特定指向的虚假新闻，因为没有采访对象和采访对象相关者，因此损害的不是他们的合法权益，而是不特定的新闻消费者——新闻受众的合法权益。这种虚假新闻侵害的直接客体并不是财产权和人身权，而是故意或过失提供不实信息，使不特定的新闻消费者在民事活动中产生错误判断，构成对他人精神自由的侵害，进而侵害他人的财产权或人身权。[①]

确定虚假新闻传播者应承担的侵权责任，首先应确定行为人的主观恶性，即传播虚假新闻的主观态度（违法主体对其所实施的违法行为及其危害结果所持的故意或者过失的心理状态）。另外，还应考察虚假新闻的社会危害程度，即虚假新闻对社会造成危害或影响的时间、地域，对受众身心的危害程度、造假手段等。

（2）违约责任。受众通过购买报纸、通过向有线电视台付费而获取新闻和信息，新闻媒体通过向受众出售新闻和信息、收取费用、赢得利润，受众与新闻媒体之间的基础性法律关系是一种典型的合同关系。[②]魏永征教授认为："在有偿获取传媒的信息产品或服务时，受众已被置于消费者的法律地位，由此产生的受众与消费机构之间的关系可以适用《消费者权益保护法》调整。"[③]新闻消费中作为消费者的受众与新闻媒体间的民事合同关系的内容同样是权利义务关系：新闻媒体有得到货币的权利，受众有支付货币的义务；受众有获得合格新闻产品的权利，新闻媒体有向特定付费受众提供合格新闻产品的义务。如果受众向媒体支付了费用、履行了合同义务，而接收的新闻与信息是不合格、非真实的，那么新闻媒体就构成了违约。但是在现实生活中传受者双方往往对新闻质量无任何约定。据此，有学者认为："报纸内容的质量高低，一般没有民事可诉性。因为对报纸、节目内容的评价，往往因人而异……即便是大家都评价很差的报道或节目，也无法按照法律的要求对读者和观众进行举证和证明，而只能通过受众反馈、媒介批评、媒体内容的自我调控、行政管理等途径

① 参见郭卫华：《新闻侵权热点问题研究》，人民法院出版社 2000 年 4 月版，第 222 页。

② 参见罗斌、宋素红：《虚假新闻的法律责任》，《中国记者》2005 年第 10 期。最高人民法院发布的《民事案件案由规定（试行）》中，有线电视收视纠纷被列为服务合同纠纷。司法实践，武汉中级法院曾此类纠纷定性为服务合同纠纷。参见苏民益：《武汉一家报社因侵权被判赔款并承担诉讼费》，《检察日报》1999 年 10 月 15 日；欧阳春艳：《两律师较真两元钱官司》，《长江日报》2000 年 1 月 28 日。

③ 魏永征：《中国法律体系中的新闻自由》，1999 年《新闻传播论坛》。http: //www. blogms. com/blog/CommList. aspx?BlogLogCode=1000003146。

来促其改制和解决……”[①]但依据《中华人民共和国合同法》第 62 条规定，当事人就有关质量要求不明确的，按照国家标准、行业标准履行；没有国家标准、行业标准的，按照通常标准或者符合合同目的的特定标准履行。依前所述，新闻真实是法定的行业标准，即使新闻受众与新闻媒体没有就新闻质量达成具体的协议，依照行业标准，新闻媒体仍应承担违约责任。

2. 传播虚假新闻的行政法律责任

新闻传播活动的行政法律责任是在指管理新闻传播活动的各行政部门及新闻媒体依法（主要是行政法规）应承担的责任。

（1）责任主体。第一，出版行政部门、广播电视行政部门和国家互联网信息办公室。《出版管理条例》第 6 条、《广播电视管理条例》第 5 条、《互联网新闻信息服务管理规定》第 4 条分别规定了各级政府出版行政部门、广播电视行政部门和新闻办公室分别负责出版活动、广播电视传播活动和互联网站从事登载新闻业务活动的管理工作。因此，这些行政部门对包括传播虚假新闻在内的一切新闻传播活动负监督、管理及处罚的行政责任。第二，新闻媒体。新闻媒体是虚假新闻的传播主体，是各级、各类新闻行政部门的管理对象，当然也是可能因传播虚假新闻而接受处罚的直接对象。

（2）责任的内容。根据《报刊刊载虚假、失实报道处理办法》第 6 条、第 7 条、第 8 条和《期刊出版管理规定》第 26 条、第 56 条、第 62 条，以及《报纸出版管理规定》第 26 条、第 63 条等规定，新闻传播的行政主管部门可以对制造、传播虚假新闻的媒体和相关责任人员处以批评，责令更正、检讨，吊销记者证，警告、罚款，业务整顿和行政处分等行政制裁。

另外，对虚假新闻负有行政监督及管理、处罚职责的行政管理部门如果不作为或者违法作为，新闻消费者可以向法院提起行政诉讼，这些部门也就可能因败诉而承担行政法律责任。

3. 传播虚假新闻的刑事法律责任

根据我国《刑法》第 246 条的规定，制造、传播虚假新闻可构成诽谤罪。另外，还有 3 种罪可因虚假新闻而构成，即《刑法》第 181 条规定的编造并传

① 宋小卫：《试析媒介消费中的民事合同关系——兼论适用合同法的规定保护媒介消费者的合法权益》，《新闻与传播研究》2003 年第 4 期。

播证券、期货交易虚假信息罪；《刑法》第 221 条规定的损害他人商业信誉、商品声誉罪；《刑法》第 291 条规定的编造、故意传播虚假恐怖信息罪。如制造“纸馅包子”虚假新闻的北京电视台临时人员訾北佳即是以“损害商品声誉罪”被北京市第二中级人民法院判处有期徒刑 1 年，并处罚金 1000 元。据悉，因新闻造假被判刑，訾北佳可谓中国记者第一人。目前，对传播虚假新闻的刑事责任的规定还有待于进一步完善。著名刑法学家苏惠渔教授认为，该案是全国首例，在刑法上还没有完全适合的条文给其行为定性，要全面解决同类案件，就要采取英美等国“判例制度”，以判例补充成文法的不足。[①]

综上所述，在我国，虚假新闻引发的各种法律责任并不是模糊的，而是以法律明确规定的形式存在的，对虚假新闻的惩处是有法可依的。这些规定对遏制虚假新闻起到了很大的作用，但还不完善、不系统。现实呼唤一部专门的新闻立法来惩处虚假新闻的制造者和传播者。只有在法律的强制下新闻活动才能走上符合新闻传播规律的规范化的轨道。[②]全国人大常委会应尽快制定具有中国特色的《新闻法》，从而将新闻工作全面纳入法制化轨道，使新闻打假工作真正做到“有法可依，有法必依，执法必严，违法必究”。

第二节　传者防治虚假新闻的应对措施

一、培养传者正确的新闻动机，坚持新闻真实性原则

新闻动机是激发和维持传受者进行新闻传播活动，并导致该活动朝向某一新闻目标的心理倾向和动力。新闻动机是新闻传受双方的新闻需要与满足新闻需要的目标相结合的产物，是激发和维持新闻传受双方传播、接收新闻的内驱力。[③]苏联心理学院士彼得罗夫斯基曾指出：个体积极性的源泉是各种不同的需要，动机是与满足某些需要有关的活动动力。如果说需要是人的各种积极性的重要源泉，那么动机就是各种源泉的具体体现。在新闻传播活动中，新闻传受双方通过发布和接受新闻信息来满足的自身需要，主要是社会性的高级需要。

① 参见孙正一、柳婷婷：《2007：中国新闻业回望》，《新闻记者》2008 年第 1 期。

② 参见屈凌云：《现实呼吁：用新闻立法惩处假新闻》，《新闻爱好者》2002 年第 6 期。

③ 参见刘京林主编：《新闻心理学原理》，中国广播电视出版社 2004 年版，第 36 页。

新闻动机可以分为积极的新闻动机和消极的新闻动机。新闻传者积极的新闻动机包括：传播新闻信息、引导舆论的新闻动机，关注人类，交流情感的新闻动机，不断进取、满足成就的新闻动机。[①]如果传者为了谋求个人名利的需要而不择手段所产生的新闻动机，属于低层次的需要，其所产生的新闻动机的方向相对人民的利益而言就是负方向；相反，传者高层次的新闻需要（如视党和人民的需要为自己的需要）一旦与合适的新闻目标相结合便会产生正向的强大动力，推动新闻传受者创造更大的社会效益。

并非所有人都抱着纯正的、积极的新闻动机来从事新闻工作。某些传者动机不纯，带有个人目的：有的为了追求经济效益和知名度；有的为了猎奇，哗众取宠；有的为了蒙骗世人，制造混乱，热衷于"热点新闻""轰动效应"，等等。怀着这些不正确动机的人写出来的新闻报道，必然就可能造假。他们不能正确地自我认知，虚荣心膨胀，盲目地追求社会地位、个人名利，致使个人的自我控制、自我决定力量减弱。同时，外部诱因的不当激发也会导致内部动机被削弱或歪曲，最终导致虚假新闻的产生，虚假新闻便在传者的消极新闻动机中应运而生。如何培养传者正确的新闻动机，已成为了多方必须重视和研究的课题。

（一）端正传者新闻动机

作为新闻工作者，树立正确的新闻动机，站在社会整体利益的立场、坚持原则、不带私心，努力维持新闻工作的神圣性是每一位新闻工作者应时刻谨记的。新闻工作者在新闻采、写、编、评的业务过程中，一定要端正写稿动机，心怀国家和人民，要出于公心去采写新闻，坚持真实、客观、公正的原则，要经得起政治压力、物质引诱等各种考验。[②]每一位新闻工作者都要从对党、对人民负责的高度，提高坚持真实性原则的政治自觉性，把反对虚假新闻作为自己的自觉行动。

首先，记者品行要端正，作风要踏实，工作要认真。记者是新闻的生产者，是新闻产品的第一个把关人。要治理虚假新闻，首先要求记者作风踏实，做到深入第一线采访，缜密调查。每一个记者都应当始终坚持"三贴近"原则，努

---

① 参见刘京林主编：《新闻心理学原理》，中国广播电视出版社 2004 年版，第 40—44 页。

② 参见刘保全：《痛打假新闻　塑造公信力》，《新闻爱好者》2007 年第 10 期。

力“深入实际、深入生活、深入群众”，要到广大人民群众的实际生活中去寻找、发现和挖掘新闻线索，去采写那些能够真正反映现实生活、反映群众意愿、反映客观事物、反映事实真相的新闻。记者工作要认真，应严格按照新闻采写的规程采写新闻，做到坚决不用未经核实的没有把握的材料，坚决不写缺乏根据、无法证实的新闻。

其次，编辑编审稿件要仔细认真，遵照相关的编辑程序工作，严格审查稿件的来源和提供的渠道是否合乎规定的程序。编辑是新闻生产过程中第二道程序的把关人，对新闻产品的最终完成和价值实现负有重大责任。要想防治虚假新闻，编辑编稿时就需要仔细，程序要严谨，考虑要全面。编辑在编稿过程中，要注意发现和找出新闻稿中一切有疑点的内容，直到疑点消除，问题解决为止。要做到凡是存有疑点的、未经核实的内容决不轻易放行。另外，在稿件编审程序上要做到严谨、规范。要严格审查稿件的来源和提供的渠道是否合乎规定的程序，需要相关审批手续的，要严格把关，不要存有侥幸心理。自己拿不准的地方要及时向有关部门和领导请示报告，以避免出现不必要的差错。作为编辑还要考虑新闻稿中所涉及的内容从内在联系和整体上是否周到与全面，要使稿件的内容尽可能反映和揭示出事物的本质和全貌，防止由于内容的简单和片面而给受众以不真实的感觉。对批评监督性稿件，应当格外注意检查报道内容是否全面反映了批评者与被批评者双方的意见，是否存在偏颇之处，是否有过激的言词，等等。[①]

（二）正确看待成就动机

美国心理学家 J. W. 阿特金逊认为，人们有追求成就的动机和避免失败的动机。成就动机是人们希望从事对他们有重要意义的、有一定难度的、具有挑战性的活动，并在活动中能够取得圆满的优异结果和成绩，超过他人的动机。[②]新闻工作者的成就动机作为一种社会性动机，也有积极和消极之分。积极的成就动机能够使新闻工作者高效率地完成新闻传播活动；而消极的成就动机往往会带来不利的社会影响。

新闻传播活动中，有些传者表现了过强的成就动机感，甚至是为了自己

① 参见郑保卫：《提倡“从我做起”治理虚假报道》，《当代传播》2005 年第 11 期。

② 参见刘京林主编：《新闻心理学原理》，中国广播电视出版社 2004 年版，第 65 页。

能够出名或成功而不择手段地制造虚假新闻。其目的是利用新闻所赋予的权力来表现自己，树立个人威望或满足某种私欲，通过各种手段聚集财富，造成较坏的社会影响。因此，传者的成就动机应该更多地与社会化的权利动机相结合，从而更多地关心社会、关心他人，以传者的人格魅力、优秀作品去感化受众。

（三）坚持新闻真实性原则

坚持新闻真实，始终是党的新闻工作的基本原则，也是党的新闻工作的优良传统。新闻队伍应时刻提倡新闻的真实性原则，这是新闻工作者面对新时代挑战，努力培养积极新闻动机的必要举措。新闻真实与否，不仅关乎新闻单位自身，更直接关系着党的宣传工作在受众心目中的形象。新闻工作者应从思想上认识虚假新闻的危害性和严重性，真正懂得真实是新闻的生命之意义所在，把虚假新闻现象提到一定位置加以重视与切实克服。广大媒体要站在大局的高度、站在新闻事业长远发展的高度来看待虚假新闻问题。在新闻工作中，要坚持党的一切从实际出发、实事求是的思想路线，求真务实，坚持新闻真实，把抵制虚假新闻作为新闻工作者最基本的从业要求和坚定的职业信念。

新闻工作者要努力提高自身的政治思想素质，不断增强政治意识、大局意识、责任意识，弘扬职业精神，恪守职业道德，自觉维护新闻工作者的社会形象，始终把社会效益作为最高准则，把真实作为新闻的生命，更好地承担起党和人民赋予的神圣使命和责任，不能为了抢首发、抢独家，而给虚假新闻以可乘之机。坚持以正确的舆论引导人是社会主义新闻工作的根本任务。要坚持正确的舆论导向，首先要真实、全面、准确地报道新闻事实，用事实说话，通过事实本身的力量来说服人、引导人，形成积极健康向上的舆论氛围。这要求新闻工作者将事实客观、公正、准确地陈述出来，寓论断于叙事，用充分的事实来反映一定的问题指向，使受众接受的是事实而不是意见。

二、传者扮演正确的新闻角色与虚假新闻的防治

美国人类学家 R. 林顿认为，角色就是在任何特定场合作为文化构成的部分提供给行为者的一组规范。在社会结构中每一个角色都有它一定的功能和相

关的行为规范及模式。[①]新闻角色是在一定新闻传播活动的规范和约束内与传受者的社会地位相一致的行为模式，是构成大众传播群体和组织的基本要素；对公众来说，是对具有特定身份、权利和义务的传受者的新闻活动的行为期望。[②]一个人的角色反映了他在社会系统中的地位，以及相应的权利和义务。新闻角色具有权利和义务的统一性。

在我国，传者是社会精神文明的传承者与载体，是信息的传递者。扮演这个角色，使得传者可以要求采访对象提供情况，也有义务及时、准确地报道各地所发生的重大事件，提供各种有益的信息。当一个人同时扮演两种或多种角色，或在执行专业任务时，面临个人利益、组织利益与专业责任间的冲突，便会产生利益冲突问题，陷入角色冲突的困境。当传者面临角色冲突时，如果不知道如何进行正确选择，就容易造成虚假新闻的产生。

（一）传者的角色冲突与虚假新闻

传者与虚假新闻相关的角色冲突主要表现为如下几种：

1. 市场竞争主体的角色和作为“社会公共利益代表”的角色冲突

作为组织的大众传媒在社会中也担当着多种角色，其中最重要的是作为市场竞争主体的角色和作为“社会公共利益代表”的角色。当这两种不同角色对媒体和媒体从业人员的行为有相异的期待时，就构成了大众传媒中最常见的角色冲突。造成传媒组织及个人角色冲突的根本原因是这两种角色所追求和维护的利益之间的冲突，即个人/商业利益和公众/社会利益之间的冲突。就新闻工作而言，新闻媒体和传者从业人员在许多情况下都可能面临利益冲突的考验，当媒体和传者在面对个人利益和社会利益的冲突时，选择了个人利益而忽略了社会利益，便容易制造虚假新闻。

2. 消息来源的角色期待与新闻从业者职业角色的冲突

消息来源指的是新闻事实材料以及意见性信息的提供方，或者是个人或者是机构。媒体获取新闻的途径大致有两种：机构内新闻从业者采集新闻和从消息来源处获取信息。消息来源对新闻从业者角色的最敏感的认识是：新闻从业

---

① 参见[美]戴维·波普诺著，李强等译：《社会学》（第10版），中国人民大学出版社1999年版，第98页。

② 参见刘京林主编：《新闻心理学原理》，中国广播电视出版社2004年版，第185页。

者是信息的公开传播渠道，能够将消息来源所提供的信息大量复制、广泛传播。消息来源面对可能将相关信息大量传播的新闻从业者，实际上就是面对要将自己正在提供的信息进行公开传播的现实压力。隐恶扬善的内驱力会策动消息来源有选择地、有控制地提供信息，即侧重或倾向于讲有利于自己好的一面而回避陈述不利于自己的一面，期待着好的一面能够通过媒体的传播让更多的人知道，进而出现有利于自己的结果。隐恶扬善的极端形式，就是为了实现其主观意愿提供虚假的消息来源。[①]新闻从业者最根本的职业角色是迅速地、负责任地向受众传播新闻信息，从而满足公众的知情权。这样消息来源隐恶扬善的特定意愿和期待与新闻从业者传播真实信息的角色规范便发生了角色冲突。如果新闻从业者完全相信虚假的消息来源而丧失了自己职业精神，便容易导致虚假新闻的产生。

梅尔文·门彻早就指出，如新闻从业者只依赖别人的消息来源，而忽视了要求消息来源对其陈述提供证据时，他有时会误入歧途。记录、文件、报告比消息来源本身更可信，但是即便一个物的消息来源也可能产生误导，除非它是经过了仔细检查的。[②]鉴别信息的真假、完整地掌握信息的来龙去脉对新闻从业者提出了更高的要求。新闻工作者只有对大量消息来源进行辨别，挑选出有价值的信息源并进行深入采访和全面分析，才能作出客观公正的报道。新闻媒体获取新闻信息源的传统方法是记者采访、通讯社电稿、公众来信来稿和政府的材料及宣传品等，传者对这些信息源核实甄别起来相对较为容易。而在互联网越来越发达的今天，网络成了传者消息来源的一个重要渠道。面对网上海量线索和信息，如果我们不认真核实、采访，拿来就用，更容易产生造假。

3. 新闻传者情感的角色冲突

新闻传者的情感指在新闻传播活动中，传者对报道对象（包括事实和人）所持有的一种态度体验。传者在扮演其社会角色、履行其社会职责时出现情绪情感的困扰，导致无法正确有效地进行信息处理。人都是有感情的，尤其是新闻传者，因为敏感，故情感较为丰富。现实生活中处处都有新闻事件，事事都

① 参见王静：《记者角色冲突的原因探析》，《内蒙古大学学报（人文社科版）》2007 年第 9 期。

② 参见[美]梅尔文·门彻著，展江主译：《新闻报道与写作》，华夏出版社 2003 年版，第 56 页。

有感情色彩。传者面对报道对象，应该以职业角色的情感出现还是以非职业角色的情感心理出现，即如何处理好客观报道和主观倾向的问题，这可能成为报道真假新闻的分界线。

情感主体的个体存在着情感倾向性的差异。情感倾向性，是指一个人用某种标准来衡量好坏和美丑时，他的情感体验经常处于某种倾向性状态。传者情感的倾向性是传者的情感指向报道对象而言的。①如果情感是针对具有重大社会意义的事物而发的，那么这种情感就具有原则性、全局性；如果情感是针对某些个人利害关系、私人琐事而发，这样就会失去原则性，导致情感偏差。后者较之前者的情感倾向，更容易产生虚假新闻。传者在采写的过程中，要注意克服情感偏差，必须预想到自己的报道刊播以后的巨大社会影响。

（二）防治虚假新闻需要传者充当正确的新闻角色

对虚假新闻的防治，传者要增强对新闻媒介社会地位和社会功能的正确认识。新闻媒介必须以真实、客观公正的态度报道新闻，而要实现这一目的，传者必须将自己置于正确的媒介角色身份之中，忠实地代表媒介，反映媒介的“公正客观”立场。真实客观地报道新闻事实，这是新闻传者的首要职责，也是基本的职业要求。

1. 正确处理好社会效益与经济效益的关系

虚假新闻报道不仅会降低媒体的公信力，而且会给受众身心健康带来极恶劣的影响。在市场经济条件下，在报刊竞争日益激烈的今天，赢利是媒体的生存和发展之需，但媒体的特殊社会角色决定了它不能单纯以赢利为目的，决定了它必须自律自重，向人民负责，承担社会责任。

新闻工作者在面对社会利益和个人利益的角色冲突时，要把考虑社会效益放在首位，价值标准莫趋利。在市场经济的条件下，媒体自身有扩大发行和增加广告的需求，受利益的驱动，某些新闻报道可能出现商业化倾向；而新闻价值标准一旦有“趋利”的倾向，就失去了客观真实性的基础，“钱稿交易”更易造成新闻失真。

---

① 参见刘京林主编：《新闻心理学原理》，中国广播电视出版社 2004 年版，第 123 页。

2. 认真检查、质疑、核实消息来源，严格把关

新闻工作者要把自己当作新闻的“第一受众”，严格把关，认真检查新闻来源，对一切“非第一手材料”进行核实，尽可能选择可靠的消息来源。检验消息来源，不要迷信印刷符号。美国一位学者在批评对印刷品的崇拜时说：“记者有一种崇拜印刷字母而不问它的来源是否可靠的倾向，这也许是记者的生活是这样地同纸上的字紧紧相连的缘故吧。记者可能是更喜欢物证的，因为他们知道，公众对文件的重视和信任，大大超过对口头说法或声明的重视和信任……不管有什么理由，如果记者迷信黑色的印刷符号，恐怕是看错了对象。事实上，印刷有时是把原始的错误保存下来了。”[①]

美国著名记者拉尔夫说：“一个优秀的记者从来不会停留在新闻的表层上，新闻记者的使命就是挖掘事实真相。他拒绝写作未经亲自调查的报道，他坚持认为一切优秀的报道都是调查性报道。”[②]“新闻工作者要做怀疑主义者。”[③]我们不仅需要质疑的态度，还要知道把质疑的重点放在哪些方面。近几年来，线人的半职业化或职业化也成为虚假新闻增多的原因之一。大型的新闻网站和商业网站再加上数不清的个人主页、博客、论坛等，也在时刻提供形形色色却未经核实的信息。所以，当记者、编辑在采纳消息来源，尤其是网络消息来源时，一定要持以质疑的态度，不能不加怀疑地全盘接受。

在对有关新闻事实产生了怀疑后，传者要找出相应的证据对所怀疑的内容进行核实，只有证据支持的事实才能确认为真实的事实。[④]逻辑推理法是检验和证实新闻真实性常用方法之一。当要检验一种认识成立与否或认识内容的真假时，我们首先从逻辑检验，即根据对认识的既定内容的分析来确定认识能否成立。逻辑推理方法，主要是通过对各种信息之间逻辑关系的分析进行的，其基本目的在于寻找逻辑上的破绽和漏洞，发现可能的事实错误。它要求传者按照一定的理论逻辑规则或人们通常的实践逻辑（言论逻辑、行为逻辑、生活逻辑等），对有待检验、证实的新闻材料进行细致的分析。[⑤]其次，传者可采用信息多源求证法。新闻事实

---

① [美]梅尔文·门彻著，展江主译：《新闻报道与写作》，华夏出版社 2003 年版，第 145 页。

② 转引自[美]梅尔文·门彻著，展江主译：《新闻报道与写作》，华夏出版社 2003 年版，序言第 8 页。

③ 高钢：《新闻写作精要》，首都经济贸易大学出版社 2005 年版，第 15 页。

④ 参见陈绚：《新闻道德与法规：对媒介行为规范的思考》，中国大百科全书出版社 2005 年版，第 277 页。

⑤ 参见刘永富：《真假论纲》，中国社会科学出版社 2002 年版。

中所包含的信息通常是来自不同的信息源，如新闻当事人、消息提供者和有关人士、其他媒体的新闻报道等。“它要求传者运用一切手段，通过与最初得到信息的渠道不同的另外的一个甚至是几个信息渠道，对所获得的信息的真实度进行验证。”[①]

3. 正确认识客观报道和主观倾向的辩证统一，克服情感偏差

记者在报道中的情感投入，要以对新闻事实的正确认知为基础。若对事实出现错误认知，其情感也会随之出现偏差，这样就无法从事物总体、本质和发展趋势上反映真实的社会生活，进而影响报道的公正。传者要站在全局的高度来观察事物，把握事实的本质，防止因情感偏激而产生虚假新闻。作为新闻的把关人，更要学会思考分析，冷静理智地控制好情感的投入程度。传者在观念上要避免先入为主，要有一种客观、公正地报道事实的愿望，不能带着观点找例子。如果采访时与自己原有的观念发生冲突，要坚决服从事实，不要强硬扭曲角度而造成虚假。

客观公正地报道事实，用事实说话。客观报道作为新闻工作的原则反映了新闻传播的普遍规律，它是传者采访活动必须遵循的方法和态度；而主观倾向是新闻工作固有的特点之一。新闻作品是传者加工过的精神产品，带有一定的倾向性和主观色彩；但与此同时，传者在采访报道中必须坚持党和人民利益高于一切的原则立场，体现新闻工作的职责和使命。我们强调在新闻传播中将客观性原则与主观倾向有机地统一起来，就是要提倡并学会用事实说话，善于将所要表述的观点寓于所报道的事实之中，让受众在接收事实的同时领会观点。新闻的本质要求“用事实说话”，强调新闻要追求客观性。新闻传者履行自己责任的最好方式应该是用职业化的方式取得新闻事件社会效应的最大化。[②]

三、传媒管理人员防治虚假新闻的应对措施

（一）培养传者树立正确的需要观，满足传者正当的心理需求

虚假新闻的产生与新闻工作者错误的新闻动机有关，而这种错误的动机来源于不正确的心理需求。如某些传者出于对名利的不正当追求，导致虚假新闻

① 高钢：《新闻写作精要》，首都经济贸易大学出版社 2005 年版，第 76 页。

② 参见邱先蓉、张长青：《简析我国新闻工作者职责与伦理的较量》，《武汉科技学院学报》2008 年第 2 期。

的产生。所以虚假新闻的防治，要求新闻业管理人员充分了解并满足传者各层次的正当的心理需求，更重要的是要培养传者树立正确的需要观，而正确的需要观来自于正确的动机。美国人本主义心理学家亚伯拉罕·马斯洛认为动机是驱使人从事各种活动的内部原因，有外部动机和内部动机之分。外部动机指的是个体在外界的要求或压力的作用下所产生的动机，内部动机则是指由个体的内在需要所引起的动机。马斯洛的动机研究主要集中在内部动机，即由基本需要引起的动机上。[①]

1. 需要层次理论与管理

组织行为学家认为，实现对人的管理，首先在于充分调动人的工作积极性与创造性。而人的积极性与创造性主要与人的需要，动机等心理因素有密切关系。所以，只有充分了解和满足人的正常需要，人的内在动机才能受到充分激发，才能使人自觉地、愉快地去将事情做好。内容型激励理论，是研究需要这个激励的基础的理论，是说明激励人们行为的特殊因素以及它们如何激起或引发人的行为，它着重对激励的原因及其激励的作用的因素和具体内容进行研究。由于需要和动机是推动人们行为的原因，也是激励的起点和基础，所以研究需要的内容和结构以及如何推动人们的行为是内容型激励理论的主要任务。[②]

马斯洛于 1943 年出版的《动机激发论》一书中提出了著名的“需要层次理论”。他把人的需要分为 5 个层次，这 5 种需要像阶梯一样从低到高，依次为：人的生理的需要、安全的需要、爱和归属的需要、尊重的需要和自我实现的需要。生理和安全需要属于低级需要，尊重和自我实现需要属于高级需要，社会需要则属于过渡性的中间范畴。低级需要相对地满足了，就向高一级需要发展。尽管“需要层次理论”受到不少批评，如有学者认为对人类的需要不应静态观察，而应动态观察等，但它对管理人员有很大的吸引力，因为个人需要问题，是理解行为的关键因素。传媒管理人员可以认真地研究和思考“需要层次理论同管理措施密切结合的参考表”[③]（如表 7-1 所示），从而制定出相应的管理制度以满足传者的正当、合法的心理需求来防治虚假新闻的产生。

---

① 参见[美]马斯洛著，成明编译：《马斯洛人本哲学》，九州出版社 2006 年版，第 13 页。

② 关培兰编著：《组织行为学》，中国人民大学出版社 2003 年版，第 79、第 130 页。

③ 关培兰编著：《组织行为学》，中国人民大学出版社 2003 年版，第 134 页。

表 7-1　需要层次与管理措施相关表

需要的层次	诱因（追求的目标）	管理制度与措施
生理的需要	薪水、健康的工作环境、各种福利	身体保健（医疗设备）、工作时间（休息）、住宅设施、福利设备
安全的需要	职位的保障、意外的防止	雇用保障制度、退休金制度、健康保险制度、意外保险制度
社交的需要	友谊（良好的人际关系）、团体的接纳、与组织的一致	协谈制度、利润分配制度、团体活动制度、互助金制度、娱乐制度、教育训练制度
尊重的需要	地位、名分、权力、责任、与他人薪水之相对高低	人事考核制度、晋升制度、表彰制度、资金制度、选拔进修制度、委员会参与制度
自我实现的需要	能发展个人特长的组织环境、具有挑战性的工作	决策参与制度、提案制度、研究发展计划、劳资会议制度

2. 培养传者树立正确的需要观

马斯洛需要层次理论对新闻业管理人员具有一定的借鉴意义。作为一种激励理论，它强调人的不同层次的需要是激发动机的因素，在一定程度上反映了人类行为和心理活动的共同规律，有其科学的一面。他从人的需要出发研究人的行为，抓住了问题的关键。人们为了生存的需要，为了更好生活的需要，在种种物质和精神需要的强有力的推动下，发展生产力，变革生产关系，使人类社会不断地向前发展。

新闻业管理人员要使其管理工作收到成效，不仅要了解传者的需要，而且特别要了解和掌握传者在某一时期的主要需要。只有了解传者的主要需要，才能有针对性地进行工作。人的需要分为低级需要和高级需要，需要由低级向高级发展的趋向，反映了人的心理发展过程。物质需要从外部使人得到满足，所以是有限的。精神需要从内部使人得到满足，所以是无限的。这为传媒管理者提出了调动积极性的工作方向和内容。在管理中，要分清需要的不同性质，从物质和精神两方面去满足传者的需要。①

传媒管理者可以从马斯洛需要层次理论得到启发，对新闻从业人员进行全面的需要调查，把各种各样的需要进行归类。首先，划分出合理的需要和不合理的需要，对有不合理需要的传者进行教育。其次，对合理的需要又能分为马

① 参见关培兰编著：《组织行为学》，中国人民大学出版社 2003 年版。

上能满足的需要和暂时还不能满足的需要。对暂时还不能满足的需要做解释工作，说明道理，创造条件逐步满足。最后，对能满足的需要又划分出靠组织满足的需要和在组织帮助下能够自力更生满足的需要。传媒管理者可以在调查分析的基础上进行思想教育，采取各种措施培养传者树立正确的需要观。

3. 保障传者基本利益，完善传媒体制

2007 年 1 月，山西发生的“兰成长事件”，揭示出我国存在的数万名没有劳动合同、没有人身医疗保险、更没有正式记者证的灰色新闻从业者人群。他们在新闻的采写制作一线承担着繁重的工作，生存的焦虑和高于正式从业者的考核要求，使得他们很难具备新闻职业意识，制造新闻即时的轰动效应成为他们眼下必需的追求。这种情形，这些灰色新闻从业者人群也成为催生虚假新闻的土壤。在新闻传播体制方面保障从业者的基本生存条件，建立系统的职业培训制度，健全职业规范，形成职业意识，这是传媒制度创新必须要走的几步。[①]2007 年第 8 期《中国记者》发表曾革楠的文章《假新闻的出炉不是偶然》，尖锐地指出：“某种程度上讲，‘纸馅包子’这条假新闻的出炉并不是偶然的，有其深厚的体制根源。说实话，我没有因为假新闻的炮制者是‘临时人员’而稍感轻松，相反，在我看来，正是‘临时聘用制’这一不合理的机制造成了假新闻的泛滥。”

（1）新闻事业发展与人事制度的失衡。近年来，由于新闻事业的发展速度远远快于新闻业人事制度的改革速度，滞后的人事体制使得用人单位在解决新闻人才紧缺的时候“广开门路”，这就为新闻造假提供了温床。首先，人员引进的把关存在严重问题。由于没有经过统一的招聘、考核、培训，难保进来的人员政治合格、技术过硬、作风正派，这就从客观上增加了传媒管理和监督的难度。其次，用人制度上的不平等，直接导致了薪酬待遇的不平等。很多聘用人员的待遇比正式职工差，他们工资低，收入往往和发稿量挂钩。临时聘用人员想得最多的就是怎么出大稿、多出稿，以求“业绩出众”而换取收入和工作环境的稳定，为了所谓的“可读性”“爆炸性”而牺牲了新闻真实性原则。不少媒体为了在竞争中求生存，纷纷推出“末位淘汰制”。在这种考核制度下，媒体更多关注的是“量”而非“质”。这种过分强调专业

① 参见陈力丹、闰伊默：《新闻真实与当前新闻失实的原因》，《新闻传播》2007 年第 7 期。

技能而忽视新闻伦理培养的用人模式，势必会造就一批以赚稿费为目的的“造假专业户”。

媒体的用人机制变化，打破了户口等因素的限制，具有顺应市场经济和推进人事制度改革的一面，培养了一批过去被身份制度排斥的人才，但是在一定意义上也存在身份歧视的成分。例如，没有用人合同的低薪和无薪“新闻民工”的存在，以及电视台编制内人员和编外的所谓台聘、部聘、组聘人员的分别；而在个别大的电视台，三类聘用人员占总人数的至少60%以上。他们中任何人都可以归入“临时聘用人员”这个大类，一旦有人出了问题，理论上都可以用“临时聘用人员”的名义将其作为首要责任者而“隆重推出”。①

（2）规范用人制度，创新传媒体制。新闻事业的飞速发展和用人机制的失衡将导致人员管理的混乱，为了保证新闻工作者的素质和职业操守，必须深化人事制度改革，建立公平、合理的就业环境，全面推行全员聘用制，打破身份限制，实行同薪同酬。传媒管理人员应该适度提高传者待遇，进一步完善考核制度，消除体制内外的界限和新闻工作者的身份鸿沟，使新闻工作者在媒体内对自身的角色产生认同。“衣食足而知荣辱”，只有合理地提高新闻工作者的待遇，尤其是公平地对待体制外人员，才是重构新闻职业道德的良好办法。此外，新闻媒体还应进一步完善奖惩制度，以人为本，奖惩并重。在坚持和完善现行的考核计分制度的同时，媒体还应该强调对新闻工作者全年的综合考核。这样的全年考核应该尽量做到量化，也应该将新闻工作者在本年度是否编写了虚假新闻这一评价标准列入其中，若有，应当严肃处罚。

（二）新闻单位内形成良性的奖惩机制

心理学家认为，人们并不表现出习得的所有行为。习得的行为要表现出来受三类诱因影响：直接的、替代的和自我产生的。直接的诱因即人们倾向于去做可能有好结果而不是没有任何结果或有惩罚性结果的行为。替代性诱因即与自己类似的他人，其某一行为得到了好的结果，则观察者在日后从事该行为的可能性较大。自我产生的诱因即人们对自身行为的评价，影响人们从事已习得的行为。人们倾向于从事那些可能使自己满意的行为并给这种行为赋予价值。

---

① 参见展江：《“纸馅包子”——假新闻揭示真问题》，《中国新闻周刊》2007年第27期。

当个人和社会对某种行为的观念或评价一致时，该种行为模式最稳固。当个人高度评价的行为受到惩罚时，或当社会要求个人做违反自己价值标准的事时，则易发生冲突，最终是否从事某种活动，取决于个人内在价值的强度与社会奖惩强度的比较。[①]强化是指采用适当的强化物来增加行为反应的强度、概率或频度的过程。当某种行为得到奖励而被强化时，学习的过程就发生了，但是，如果这是唯一的学习方法，那么人们就得自己尝试各种各样的行为，并坚持那些得到奖励的行为，而抛弃那些导致惩罚的行为。[②]

在新闻单位内，传者通过媒介管理人员所提供的榜样学习新的行为模式，所获得的强化属于间接性即替代性强化。替代性强化对人的社会化和人格的形成有非常重要的作用，它可以使人们凭借观察学习，借助示范作用建立新的行为。奖励是社会对人们的良好行为或取得的突出成绩、作出的卓越贡献给予积极肯定，以促使人们将这种行为操持和增强，加快人的自我发展、完善，为社会创造更大更好的效益；惩罚则是社会对人们的不良或不正确行为给予否定，以促使人们的行为变异，增强反应强度和内驱力，警诫他人，以规范人们的行为。[③]

通过对虚假新闻建立良性的奖惩制度，传者能够逐渐自觉地远离制造虚假新闻的行为。传媒管理者应在新闻工作者成就动机激励方面加强管理工作，应建立健全岗位与职责分析制度，将理想目标、工作目标激励相结合、分配激励与员工奖励制度相结合，建立健全科学测评制度，加强晋升激励和培训激励制度等。对于战斗在新闻工作一线的采编人员，要多关心他们的生活，解决他们的实际困难，形成奖励先进、惩罚落后的良性机制，从物质、精神、心理上满足他们的创造欲、成就感，完成他们自我实现的需要，为新闻工作取得更大的成绩做好思想的保障。

（三）帮助传者预防和消除心理危机

市场机制引发了媒体利益、生存、发展之争，引发了新闻工作者行为的多

① 参考刘京林：《大众传播心理学》（修订本），中国传媒大学出版社 2005 年版，。

② 参见[美]沃纳·赛佛林、小詹姆斯·坦卡德著，郭镇之、徐培喜等译：《传播理论：起源、方法与应用》，华夏出版社 2000 年版，第 213 页。

③ 参见关培兰编著：《组织行为学》，中国人民大学出版社 2003 年版，第 118 页。

种选择，这种利益驱动对新闻的真实形成很大冲击。并非市场一定导致虚假新闻，但对于维护基本生存的现实利益来讲，精神层面的理想和道义很难有坚实的支撑，这就需要从制度上去平衡和缓解各种利益矛盾。目前，新闻从业人员因缺乏生存和社会保障普遍感到高度焦虑，这是现实。[①]某些人面临新闻理想的追求与现实遭遇的打击的冲突，从而产生身心俱疲、万念俱灰的职业枯竭感；部分传者因对新闻角色和新闻动机的不正确认识，进而对传者这一职业的价值产生了严重的认同危机。诸如此类的表现都可归于传者的心理危机，而如何正确地认识、预防和消除传者的心理危机，同样是防治虚假新闻的重要手段。

在社会生存压力不断增加、媒体竞争日趋激烈的今天，传者的身心健康常会受到不同程度的侵害。亲临新闻采访现场、长期的奔波劳苦以及无规律的生活，传者在承担着人身安全以及健康损耗的风险，同时还在承受着一系列心理问题的困扰。一个人的心理受到外在环境、社会经历和自身性格等多种因素的综合影响，这些影响可能造成心理波动、失衡，引发心理危机乃至心理病变。传者的心理健康与否不仅关系到其个人的家庭幸福，还关系到新闻报道的质量和媒体的声誉，进而关系到社会的和谐稳定。因此，预防传者的心理危机、维护传者的心理健康具有不可忽视的社会意义。

媒体管理人员应该充分重视传者的心理健康问题，把传者的心理健康纳入职责范围之内。媒体对传者心理健康的重视和投入其实是一种具有长期效益的投资活动，对媒体自身发展和社会发展都具有重要意义。媒体应当积极地采取各种措施减轻传者的心理压力，如实行科学的考评制度，增加休息时间，定期组织员工外出旅游，或者经常举办一些心理知识的培训、咨询活动或定期进行心理普查，也可以考虑聘请专职的心理医生。传者心理健康还有赖于各级新闻工作者协会（如记者协会）和各类新闻社团的关心。《中国记者协会章程》第 11 条明确规定：“关心新闻工作者的工作条件和身心健康”是该协会的任务之一。新闻行业组织可以直接向传者提供心理咨询和指导，也可以协助和监督媒体，为缓解传者的心理压力采取行之有效的措施。同时，传者也要保持积极、乐观、自信、向上的精神面貌，具有自我调适的意识。

---

① 参见陈力丹、闫伊默：《新闻真实与当前新闻失实的原因》，《新闻传播》2007 年第 7 期。

当遭受心理障碍，发生情绪危机时，传者可以通过休息、运动、购物等方式来转移心情，进行自我疏导和排遣，也可以通过倾诉和交流的方式来排解情绪，或者直接求助于心理医生和心理医疗机构。传者还需要正确地理解和评价自己所从事的工作，保持对新闻工作的意义和自我价值的意识。[①]媒体管理人员对新闻从业人员进行心理常识教育，从心理学的角度深刻剖析虚假新闻产生的社会背景、心理根源、工作危害等，从而在心理角度上改变自己，学会用科学的心理对待工作、处理生活，为杜绝假新闻的发生构筑一道科学的强大的心理堤坝。

第三节　受众防治虚假新闻的心理应对措施

李普曼在《舆论学》一书中谈到：“对于所有听众来说，完全相同的报道听起来也不会是同样的。由于没有完全相同的经验，每一个人的领会就略有不同，他会按照自己的方式去理解它，并且掺入他自己的感情。”[②]因受众的接收状况不同，同一虚假新闻对受众心理的危害程度是有区别的。受众因性别、年龄和社会地位等情况的不同，个人的才能、职业、情绪和紧张状况的差异等，都会影响其对虚假新闻的接收状况。所以对于虚假新闻的防治，有必要研究受众的接收心理。

一、受众的选择性心理与虚假新闻的防治

受众受传的自主性是通过多种心理活动来实现的，包括选择、审辨、加工等。[③]社会心理学认为，在传播活动中，受众由于受个人的文化背景、价值观念、生活经历和心理活动的影响，对某些信息会出现偏爱或排斥的表现，其中起主动控制作用的是受众的选择性心理。美国学者克拉伯在《大众传播的效果》一书中将受众的选择性心理归纳为选择性注意、选择性理解和选择性记忆。[④]受

① 参见谢敏：《记者心理危机的预防和规避》，《视听纵横》2007 年第 3 期。

② [美]沃尔特·李普曼著，林姗译：《舆论学》，华夏出版社 1989 年版，第 134—135 页。

③ 参见郑兴东：《受众心理与传媒引导》，新华出版社 1999 年版，第 29 页。

④ 参见胡正荣：《传播学总论》，北京广播学院出版社 1998 年版，第 267 页。

众在接收新闻时，如果能够自觉地避开对虚假新闻的选择，同样可以增加对虚假新闻的防范意识。

（一）受众的注意心理与虚假新闻的防治

注意表现为对一定对象的指向和集中，虽不属于认识过程，但它贯穿于认识过程的感觉、知觉，记忆、表象、想象、联想、思维等的始终。注意的指向是指在第一瞬间，把我们的心理活动指向有选择地指向一定对象，而同时离开其余对象。虞达文教授把注意分为无意注意、有意注意和有意后注意。无意注意也叫随意注意，它是事先没有预定目的，也不需要作意志努力的注意。它是在某种刺激物的直接影响下，不由自主地将自己的感觉器官朝向这些刺激物。当新闻传媒报道某些刺激、煽情的新闻内容且与受众现实生活中的事实存在明显地相背离情况时，受众的无意注意便习惯地指向和集中于这些虚假新闻。①

有意注意也叫随意注意，它是一种自觉的、有目的的，而且还需要一定意志努力的注意。这种注意是一种主动的、服从一定活动目的和任务的注意，它受人的意识的自觉调节和支配。有意注意与活动的目的和任务相联系。有意识地将自己的注意集中于一定的整体，需要以维持注意的意志努力为前提。有意注意在个体意识的控制下，由第二信号系统，即语词、图形等调节支配。由于第二信号系统的参与，人就能通过语词按照一定的任务确定自己的活动，注意于一定的事物和活动。②受众在接收新闻时，当“拟态环境”传播的虚假新闻在无意注意阶段进入受众的心灵后，受众的有意注意必须马上与其接收新闻的目的和任务联系起来。其总的目的是注意、选择真实的、具有新闻价值的信息，具体的任务是接收什么样的新闻来解决什么问题，至少应该避免因接收虚假新闻而给自己心理带来负面影响。

受众在接收新闻时，也许并不能意识到“拟态环境”所带来的负面影响，但是一旦接收到虚假新闻并给自己的心理和行为带来了危害时，便会使受众自觉地加强意志努力，保持对虚假新闻的有意注意。经过一段时间，受众对过去没有（分辨新闻信息真假）兴趣的环节，也产生了直接兴趣，以后他便可以减

① 参见虞达文：《新闻心理学》，新华出版社 2001 年版，第 144—175 页。

② 同①。

弱意志的努力，甚至不需要意志的努力，而保持自己对虚假新闻的注意，这就形成了有意后注意。有意后注意是有意注意向无意注意转化的一种结果。有意后注意不像有意注意那样需要用意志的努力，而是在兴趣的基础上，自然地指向某一对象的注意；但它又不像无意注意那样没有一定的目的，而是有一定目的地指向和集中在个人认为有意义、有价值的对象上的注意。

有意后注意是在有意注意与无意注意、间接兴趣与直接兴趣相互转化的系统中形成的。当受众用有意注意培养自己对新闻真假问题辨别的间接兴趣后，必须利用这种兴趣，不断培育自己对辨别虚假新闻的直接兴趣。因为分辨信息真伪的有意注意使受众免受了虚假新闻所带来的危害，久而久之，受众便会有一定目的地指向和集中在他们认为有意义、有价值的对“分辨虚假新闻”的注意，自觉地提高自己对新闻真假的分辨力，从而形成有意后注意。这样受众对虚假新闻的注意，通过从无意注意到有意注意再到有意后注意，自觉地有意识地避开对某些虚假新闻的选择，从而免受其给受众心理所带来的危害。

（二）受众对新闻的审辨心理与虚假新闻的防治

审辨是受众接收新闻过程中的一种重要心理活动。受众对新闻的审辨心理，是指受众对大众传媒传播的新闻作出审查、辨别、评价[①]，充分表现了受众在受传过程中的自主性，即对真实的、具有新闻价值的传播予以接纳，而对虚假的传播则予以排除和批评。受众对新闻的审辨主要包括以下几个方面[②]：

首先，受众应该对传播者进行审辨，这包括传者和所传播新闻的媒体是否权威、可信，传播动机是否正确，传播态度是否公正等。其次，受众应该对传播内容进行审辨，内容是否真实、准确、新鲜，观点是否正确等。最后，受众应该对传播价值进行审辨，包括传播的事实是否有意义、是否具有正确的舆论导向等。虚假新闻的多发领域一般为社会新闻、娱乐新闻和体育新闻等。受众在阅读这些领域的新闻时，应对其新闻内容的真假性产生质疑。受众在接收社会新闻时，当新闻中出现以下一些元素时，要保持高度警惕。一是新闻内容文学色彩过强。某些新闻的写作手法与文学作品差不多，辞藻华丽，运用多种比喻、

---

① 参见郑兴东：《受众心理与传媒引导》，新华出版社 1999 年版，第 32 页。

② 参见郑兴东：《受众心理与传媒引导》，新华出版社 1999 年版。

夸张、联想等修辞手法，把某些新闻事件描写得绘声绘色。受众接收这些新闻时表面上似乎觉得它们感觉趣味性、人情味很强，但实质上这类新闻很可能是虚假新闻。二是新闻中“六要素”交待不清，甚至于对新闻发生的时间、地点都使用模糊语言，这类新闻很有可能就是虚假新闻。受众在接收这些新闻时，要在心理多问个为什么，产生质疑，对此类新闻中提供的相关信息不宜全盘接受。

经济的迅速持续发展，极大地刺激了受众的精神文化诉求。作为精神文化产品生产者的文学艺术界的人与事，经过传媒的鼓与噪，逐渐引起了受众尤其是青少年受众群体的更大兴趣。随着大众文化的起，新闻“娱乐化”逐渐成为一种受众易于接受的形式。某些传媒片面地理解大众文化、强调大众文化的商品性，热衷报道低层次的“鸡鸣狗盗”的内容，把新闻的真实性完全抛在脑后。受众需要注意娱乐虚假新闻的一些特点，避免这些虚假新闻所带来的危害。一是名人的趣闻轶事、兴趣爱好乃至饮食等，成为新闻造假的话题。二是名人的生与死，名人的婚恋、爱情，名人的是与非等娱乐新闻被“狗仔队”记者炒来炒去，真假难辨。尤其是网上出现的娱乐新闻，受众更应该对其质疑并尽量避开对这些虚假新闻全盘接受。

（三）受众对新闻的思维加工与虚假新闻的防治

根据社会心理学家丹尼尔·吉尔伯特的自动相信理论，人们对于刚看到或听到的信息，最先会采取相信的态度，接着再评估所见所闻是否属实，必要时则加以拒绝和排斥[①]（如图 7-1 所示）。这一过程的第二和第三部分，也就是人们评估和拒绝信息的部分，是费时又费力的。一个人如果身体疲倦或者心不在焉，则该过程的这两个部分便很难运作，因而提高了当事人相信错误信息的可能性。

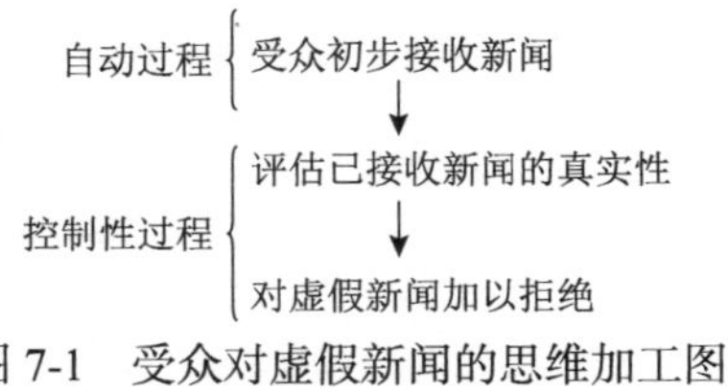

图 7-1　受众对虚假新闻的思维加工图

① 转引自[美]Elliot Aronson Timothy D. Wilson，Robin M. Akert 著，侯玉波等译：《社会心理学》，中国轻工业出版社 2005 年版，第 71 页。

受众在接收新闻信息时，自动地会对媒体上所传播的新闻事件采取信任的态度，这是一种心理预成机制。这种自动的过程，已被受众所接纳，因为我们从媒体中所接收到的新闻多半都是真的。然而，我们从媒体上接收的新闻有时候并不是都是真实的，因此，这就需要一个制衡系统来“拒绝接受”我们先前从媒体上所相信的新闻事件。在这个过程中，受众最初对新闻的接收是自动发生的，对受众发挥作用的是自动化思维，即指无意识的、不带意图目的、自然而然的并且不需要努力的思维。它是在一个人无意识、不费力且不刻意的状态下发生的。①

然而对新闻的评估和对虚假新闻的拒绝部分，却是控制性思维的产物，这意味着它需要动机和能量来加以执行。当受众没有辨别真假新闻的动机和能量，则该过程的接收步骤就会在不受约束的情况下自由动作，结果可能导致受众接受了虚假新闻。控制性思维是指一种有意识、有意图目的、自发的和需要努力的思维。进行控制性思维需要动机和努力。大量证据显示，当人们具有仔细分析某一新闻的动机并且拥有这样做的心理能力时（也就是说，如果他们没有感到疲惫或走神），他们会关闭自动导航系统并进行更具控制性的思考，更加细致地关注其各项内容及利弊。当人们的动机水平不高或者注意力不集中，他们就会继续依赖自动导航系统并且更多地受到信息的表面特征的影响。②在分辨新闻的真假性时，受众应该更多地利用控制性思维并提高控制性思维的能力，评估和分辨已接收到的新闻的真伪性，最终达到拒绝或排斥虚假新闻的目的。

二、提升受众的媒介素养，培养受众良好的新闻批评心理

（一）受众的媒介素养与虚假新闻的防治

媒介素养是指人们正确地判断和估价信息的意义和作用，有效地创造和传播信息的素养。具体地说，是人们在使用媒介、接触媒介信息以及制作媒介信

① [美]Elliot Aronson Timothy D. Wilson，Robin M. Akert 著，侯玉波等译：《社会心理学》，中国轻工业出版社 2005 年版，第 49 页。

② 参见 [美]Elliot Aronson Timothy D. Wilson，Robin M. Akert 著，侯玉波等译：《社会心理学》，中国轻工业出版社 2005 年版。

息的过程中所具备的一种能力，它要求人们能够成为具有思想家气质的批评者和有创造力的制作者。[①]信息时代的媒介素养不仅包括判断信息的能力，还包括有效地创造和传播信息的能力。陈力丹教授认为，媒介素养分两个层次：一个是公众对于媒介的认识和关于媒介的知识；另一个是传媒工作者对自己职业的认识、对传媒工作规范的了解以及职业精神。[②]从传、受双方不同角度来看，正确、有效地利用媒介和信息体现为不同的要求或责任。于受众而言，体现为媒介素养的提高，正确、合理地利用媒介和信息；对传者，则体现为充分发挥好传媒的社会功能，履行好社会和公众赋予传媒的社会责任。[③]本节中只论述受众在面对虚假新闻传播时应具有的媒介素养。

受众理解新闻的前提是具有基本的媒介素养，“媒介内容对人有何种影响，受众本身的特征是重要的决定因素”[④]。受众对新闻的接受应该是自觉的，对新闻的相信是理性的，而不是盲目的。刘晓红教授认为，媒介素养的高低，决定了受众能否主动利用、选择媒介内容，并能够对媒介内容作出批判性评价，而不是盲目地受媒介内容影响。当大众媒介普及的速度超过大众的媒介素质储备的时候，媒介的负面作用就开始显现，至少是与正面作用呈交错抗衡的状态[⑤]，没有良好媒介素养储备的受众缺乏对媒体负面效应的“免疫力”，媒介就有可能成为异化和奴役受众的工具。媒介需要人们理性地驾驭和利用。受众媒介素养的核心是良好的新闻批评心理，要预防虚假新闻对受众心理的危害。

（二）培养受众的媒介批评心理，加强对虚假新闻的舆论监督

1. 社会变迁中受众参与信息方式的变化：受众→解读者→评阅者

（1）受众解读信息方式的变化。中国社会心理的变迁巨大而又深刻，从已经表现出的价值观念与社会心态的总体态势来看：一种从传统取向朝现代取向的演变正在成为日渐明显的趋势，这与中国社会发展进程的方向是相一致的。

---

① 参见 AMIA-About Media Literacy，http//:www.nmec.org/medialit.html。

② 参见陈力丹：《关于媒介素养与新闻教育的网上对话》，《湖南大众传媒职业技术学院学报》2007 年 3 月。

③ 参见郑瑜：《媒介素养与传媒责任》，《当代传播》2007 年第 4 期。

④ 刘晓红、卜卫：《大众传播心理研究》，中国广播电视出版社 2001 年版，第 5 页。

⑤ 参见李琨：《媒介素质教育在中国》，《国际新闻界》2003 年第 5 期。

随着社会发展的进一步有序化、协调化，同时也通过社会成员自身的不断探索、尝试，一种更具合理性的、健全的崭新价值观念体系及其所促进的社会心态将会逐渐形成。传统社会心理的特点是封闭性、单一性、狭隘性、僵化性，现代社会心理的特点是开放性、多样性、宽容性、活跃性。在未来一个时期，社会心理将可能呈现出的主要态势是：一方面，进一步的理性化，但在理性化的同时，对精神价值的追求将会有所增强；另一方面，在心态呈现出更加开放态势的同时，对问题的预见性也会进一步提高。[①]在这一转型过程中，受众的新闻接收心理和对新闻信息的解读方式也在发生着变化。

在以网络为代表的新媒介中，大众传播正被分众传播、小众传播乃至个人化的传播方式所取代。受众从被动的信息接受者变成了信息的主动寻求者和自主解读者，成为了出于各种目的自主地使用媒介的人。媒介从信息发布者的角色变成了提供信息服务、等待用户挑选的信息提供者。受众不但主动地寻求信息，而且会按照自己不同的背景和需要自主地进行解读，独立性大大增强。

英国文化研究学者斯图亚特·霍尔用编码和解码的动态概念取代了以往传播研究中的表态信息概念，媒介内容不再被认为是一种固定不动的存在，而是一连串评议动作的活动。媒介内容对受众的影响是通过互动发生的。按照霍尔的“编码/解码”理论，受众对媒介信息的解读有三种形态：一是同向解读或“优先式解读”，即按照媒介赋予的意义来理解讯息。二是妥协式解读，即部分基于媒介提示的意义，部分基于自己的社会背景来理解讯息。三是反向解读或“对抗式解读”，即对媒介提示的讯息意义作出完全相反的理解。[②]传统时代，受众对于媒介的解读以优先式解读为主；而现在，来自不同社会阶层和背景的受众对信息进行着多元解读，妥协式解读成为主流。即受众的解读方式从优先式解读为主变成了多元解读方式并存、妥协式解读成为主流、对抗式解读不容忽视的状态。根据问卷调查的结果显示（如图 7-2 所示），不管是网上受众还是网下受众，在接受新闻信息时所持的态度绝大部分以“批判、有选择性地接受”为主，即受众对信息的解读方式以妥协式解读为主。

① 参见沈杰：《中国社会心理嬗变：1992—2002》，《中国青年政治学院学报》2003 年第 1 期。

② 参见罗钢、刘象愚主编：《文化研究读本》，中国社会科学出版社 2000 年版。

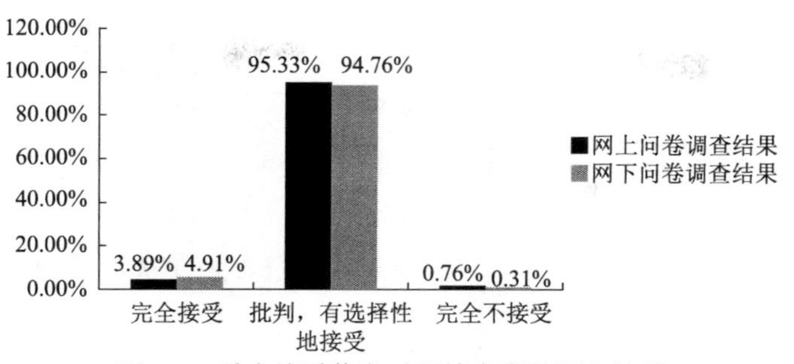

图 7-2　受众接受信息时所持态度的调查结果

（2）受众参与信息方式的变化：从解读者过渡到评阅者。文本在媒介批评中起了沟通认识的作用。语言是文本的外壳，理解文本最基本的形式就是使用语言。批评者面对文本世界中具有意义的各种事实作出自己的理解，追问它们的意义，就是对文本进行探究。所以解读是受众寻求理解和自我理解的活动，不仅表现为对客体把握的技术（方法），也是受众的基本行为方式。基于这种认识，解读新闻报道，就是对新闻文本的理解、解释和建构，是“主体与客体”的对话和交流。解读不是简单地对文本呈现的世界加以评论，而是理解传者在文本中流露出来的感情意识。解读新闻，作为受众理解文本的思想、发现和认识传者的过程，是一个从主体经由客体再到传者的连续探索。[①]有人认为解读“首先是一种感觉活动，人们通过视觉器官认识了语言符号，这些语言符号反映到大脑中转化为概念，许多概念又组合成较大的单位，成为完整的思想，然后发展成为更复杂的思维活动，联想、评价、想像等”[②]。解读的内涵包括对新闻信息的理解、解释和意义的获取，是一种复杂的思维过程。

评阅即指受众在接收新闻信息时，除了通常意义上的解读外，更重要的是要树立一种新闻批评心理，重在对新闻报道进行评价和真伪的判断，把自己当作一个批评者的身份来参与对新闻信息的接收。受众如果能够以评阅者的身份参与到媒介批评中，对于虚假新闻的防治，将起到积极和主动的意义。所以本书在把受众称作“解读者”这一名称前提下，进一步提出“评阅者”这一说法。

刘建明教授认为，新闻解读和媒介批评，两者互为条件，互为因果。这表

① 参见刘建明：《媒介批评通论》，中国人民大学出版社 2001 年版，第 254 页。

② [奥]夏特・巴姆尔格：《奥地利阅读教育》见《审美教育学》，海洋大学出版社 1992 年版，第 100 页。

明解读与批评是一脉相承的，但从本质上看，解读是批评的第一步。解读切入文本的实体，化身于文本，对作品本体进行细致的理解和重构；而媒介批评则是把这种解读表达出来，对新闻文本进行判断和评价，带有浓厚的思辨色彩。媒介批评产生于解读，又独立于解读，因为它需要组构一个新的文本。媒介批评超出解读活动，是解读的升华。当代新闻传播事业中的媒介批评，其显著特征表现为受众的广泛参与。在我国，受众参与批评已由过去的被动参与开始转变为主动参与。从这个意义上来说，受众参与信息方式的变化，从解读者过渡到评阅者更符合媒介批评的要求。

2. 培养受众的媒介批评心理

从辩证意义上讲，受众批评具有普遍重要性，它契合着人类的天性，迎合了人类的需要，符合人类心理的宏观辩证规律。从整体上看人类是永不满足的，一旦眼前的生活和事物不能更好地满足人类不断发展的需求，人类就会采取批评态度，希望推翻或革新现有，以更好地满足生活需求。也正是这种永不满足的心理，才促进整个社会的进步发展。“从社会心理学的角度讲，社会认同意味着社会批判，社会批判意味着社会认同，肯定与否定是同一个社会行为的两个方面”。[①]表扬与肯定是从正面对人的承认与尊重，批评与否定则是从反面对人的承认与尊重。社会认同能给人带来精神满足，那么社会批评则在唤起邪恶者内心羞耻的同时，也给正义者带来精神满足（社会认同、社会尊重与社会鼓励）。在现实生活中，人们渴望得到别人尊重和认可的内心需求，能够迫使人们加强自爱自重意识，进而规范自我行为。

受众批评心理的启动过程，实质上是一种受众的道德行为从心理、思想确定到实际实现的整个心理过程。人类历史发展的经验表明，人的个性越是发展，潜在社会批判行为和外显社会批判行为就愈益强烈，社会批判的自由度标志着社会的民主化水平。因此，媒介批评代表着社会生活的民主化程度，同样可用其他来衡量客观环境、拟态环境和受众心理环境的和谐程度。

受众在批评的过程中，必然伴随着个体对客体的一种主观体验和评估，必然发生角色的感情移入。感情移入即移情，指人们交往中的感情上的相互作用。当交往中的一方知觉到对方的某种情感时，他自己也能体验到相应的情感。也

① 高得军：《批评报道的新闻价值》，《中国石油大学胜利学院学报》2002 年第 2 期。

就是说，由于对他人情感的觉察而引起自己的情感，这种情感与他人情感的性质相同。角色的感情移入，表现在角色扮演者不仅在认知水平上了解角色，而且在情感水平上进入了角色。[①]受众对虚假新闻的批评，受众的感情移入表现在对虚假新闻的情绪反映从最初的惊奇再到轻蔑、厌恶，最后到憎恨、愤怒等，这种情感对批评心理的启动产生极大的催化作用，促进受众由浅层意义上的认识到更高意志的飞跃。有了对批评对象的认识做铺垫，又具备了个人情感作为催化剂，受众对虚假新闻的憎恨和愤怒等情绪，最终形成一种通过自己的行动达到公开批评的坚定意志。受众批评心理的启动与顺利进行，是以受众的心理动机为前提的，需要较强的道德意志来完成善恶间的选择。受众对虚假新闻的媒介批评能对批评对象（指新闻造假的传者和相关媒体）产生巨大的舆论压力，引起相关部门的关注，共同解决问题。更重要的是受众可以从报道中判断自己的想法和行为是否正确，而且可以从批评对象的错误行为中汲取教训，在预防错误行为的同时更坚定自己的正确行为。

3. 受众的媒介批评对虚假新闻的舆论监督

媒介批评是指在解读新闻及媒体的过程中评价其内在意义及对社会的影响。媒介批评引导新闻工作者纠正错误，或提醒受众不要被新闻所欺骗。[②]新闻是由新闻工作者、新闻作品和受众共同构成的整体关系，受众的解读是新闻传播的重要部分。受众是新闻功能充分发挥的对象性因素，是诠释新闻的重要角色。通过受众的解读和接受，新闻工作者才能将新闻作品的静态意义还原为鲜活的思想求索，实现由无生气的意义痕迹向有生气的意义转换。[③]就多数新闻报道而言，我们比较容易通过它的语言和画面认识其报道的真相，也容易把握事实的真相。但对那些故意造假的尤其是隐性虚假新闻，一般受众很难识分辨出它们的真假。受众如果培养了良好的新闻批评心理，就会把这些虚假新闻推向谁是谁非的境地，认清事实的真相，从而认识媒体的是非，更好地辨别出虚假新闻。媒介批评者掌握这类报道涉及的全部事实，就能引导受众正确认识媒体行为，从而认识社会真相。

在媒介批评中，把新闻的特性放到系统中去分析，可从历史的角度考察事实整体的演变特征，对新闻现象可以看得更深刻些。新闻传播既是一个相对平衡的

---

① 参见赵中天：《社会心理学》，中共中央党校出版社 2001 年版，第 72—73 页。

② 参见刘建明：《媒介批评通论》，中国人民大学出版社 2001 年版，第 1 页。

③ 参见[德]H. G. 伽达默尔：《真理与方法》，辽宁人民出版社 1988 年版，第 215 页。

有序结构，在不同时期形成确定性的结构模式，又是一个不断吐故纳新的耗散结构。所谓新闻的耗散结构，是指新闻在传播过程中在媒介系统之外发生正负作用，吸收各种反馈意见，不断引起自身的突变，呈现由无序走向有序的过程。由于新闻传播受环境系统和社会意识形态的制约，不断刺激内部各因素发生变化，互相间的平衡一再被打破，原有的结构模式不能容纳和维持各因素的特性与组合关系，便构成对媒介旧模式的突破和超越。[①]受众树立起新闻批判意识，对新闻媒体和新闻传播者进行正确地监督，把不同的意见和观点再反馈给传者，达到从平衡—不平衡—平衡的正常有序的发展，最终才能推动新闻事业的进步。

受众应该对虚假新闻加强舆论监督，受众的舆论监督不失为治理虚假新闻的一种好方法。舆论监督是人民群众通过新闻媒体对整个社会的监督，新闻媒体及新闻工作者自然也应该包括在舆论监督的范围之内。舆论监督包括两个方面的范畴：一方面，是新闻媒体对媒体自身或媒体以外的人和事的监督；另一方面，是广大受众对新闻媒体和新闻传者的监督。[②]受众在参与舆论对虚假新闻的监督过程中，会对传媒的功能、准确的运作规范和基本的新闻理念有较为深入的了解，对虚假新闻的危害性有更深层的认识。虚假新闻在这样的受众面前必将失去市场。开展对虚假新闻的舆论监督，也是对受众进行媒介素养教育的一个过程。当然受众在开展舆论监督的过程中，要本着以维护新闻真实性为目的，以事实为根据，以创造一个良性互动的舆论监督环境为前提。

（三）理性接收新闻信息，提高受众对虚假新闻的免疫力

认知心理学认为，受众的认知过程与主体的场依存性/场独立性相关联。美国心理学家赫尔曼·威特金等人在研究知觉时发现，有些人很难从视野中离析出知觉单元，有些人却较易从视野中离析出知觉单元。他根据“场理论”，将人划分为场依存性和场独立性两种类型。场依存性的人，比较容易受当时环境中的其他事物（包括知觉者本身的状况）的影响，很难离析出知觉单元；场独立性的人，比较少受知觉当时的情境影响，比较易于离析出知觉单元。场依存性的人，独立性差，容易受暗示，会更多地利用外在的社会参照来确定自己

---

① 参见刘建明：《媒介批评通论》，中国人民大学出版社 2001 年版，第 149 页。

② 参见蔡铭泽编著：《新闻学概论新编》，暨南大学出版社 1998 年版，第 275 页。

的态度和行为，他们的行为是社会定向的；场独立性的人，有较大的独立性，不易受暗示，会更多地利用内在参照，他们的行为是非社会定向的。具体地说，场依存性的人，社会敏感性强，容易注意他人提供的社会线索，并且容易受他人的影响；场独立型的人，社会敏感性差，不大注意他人提供的社会线索，比较独立、自信、自尊心强。①

在与媒介的接触过程中，不同的受众对虚假新闻的敏感程度会有很大的不同。如果把媒介环境比作一个场的话，场独立性强的受众习惯于批评性地验证从传媒上所获知的新闻；场依存性强的受众则易受媒介信息的支配，易于轻信从传媒上所获得的新闻，可塑性强。美国人格心理学家奥尔波特认为，轻信于人是指相信一种有证据但又不应该有证据的某种说法。易于轻信的人，他们的内心世界要么极度分闭要么就是陈腐，其中包括许多受教育程度低下的人。对他们来说，自然和社会外界环境所发生的一切是与生俱来就不可理解的，他们的精神活动缺乏批判性的原则。或许，更多的是那些在思想的某些方面“过分固执”的人们。他们迫不及待地相信那些与他们自己所解释和预言的模式相吻合的谣言。②场依存性强的受众，“唯媒体是从”，一切跟着媒体导向走，相信大众传媒报道的内容都是准确的事实，分不清媒介现实与客观现实，这无疑与其自身的需求、文化素养等认知能力相关。反之，场独立性强的受众，其识别能力相应增强。

受众在收受新闻的过程中，应该对新闻的真实性进行设问或质疑，以自己的方式检验新闻报道的真假，对传媒的“场独立性”要增强，自动提高对虚假新闻的免疫力。免疫理论探讨的是如何使人们不致轻易改变态度的方法，即采取何种措施才能使人在反面论据面前坚持原来的态度。麦奎尔类比医学领域的免疫方法提出并通过实验验证了，当人们接触到对他们所持有的某种信念的攻击以及对这些攻击的反驳时，会形成某种通用的免疫力，即当再接触到对于该信念的同一种或不同种的攻击时，其对该信念的态度不会轻易改变。他们的论证是：一是人们由于观察到前次对某信念的攻击被驳倒，使得以后再出现的对该信念的攻击的可信度降低。二是人们由于其信念经历了前次的攻击，使得人

---

① 参见张厚粲、郑日昌：《关于认知方式的测验研究——对我国大、中、小学生场依存性特征的调查分析》，《心理科学通讯》1982 年第 2 期；孔晓东：《关于场依存性——独立性认知方式理论发展的研究》，《江汉学术》1991 年第 2 期。

② 参见[美]奥尔波特著，刘水平、梁元元、黄鹂译：《谣言心理学》，辽宁教育出版社 2003 年版，第 130 页。

们意识到其信念是有可能动摇的，这促使被试者寻求其他支持该信念的证据。[①]

当发现接收到传媒所传播的虚假新闻与自己所接触到的事实真相完全相背离时，受众会在心理上形成对虚假新闻的免疫力。即当他们再接触到类似的虚假新闻时，不会轻易改变自己原来持有的态度或观念。受众应该理性地接收新闻信息，既不能完全地依赖媒体，唯媒体是从，也不能完全地否认媒体，拒绝接收媒体提供的新闻信息。对于虚假新闻，受众要正确地理性地看待，提高对虚假新闻的免疫力。受众既不能对虚假新闻等闲视之、无动于衷，又不能因对个别媒体和传者制造虚假新闻的不信任感泛化到对整个新闻传媒的不信任和怀疑。

（四）大力开展受众的媒介素养教育

媒介素养教育，即指导学生正确理解、建设性地享用大众传播资源的教育。这种教育，可以培养学生具有健康的媒介批评能力，使其能够充分利用媒介资源完善自我，参与社会发展。[②]媒介素养研究者强调，受众应该“对媒介信息保持开放、质疑、反思、批判的态度”[③]。开展公民媒介素养教育的目的和意义主要在于：在认知方面，帮助公民提升了解媒介所承载和播出信息的本质以及其形式的能力，熟悉寻求信息的方法，并具备评估、解释、判别、选择、组织及综合信息的能力；在情意方面，帮助公民认识媒介信息的价值和力量，判断其正当性、合乎法律和伦理性；在营造环境方面，帮助公民不断重视科学地利用媒介，积极参与和制造适宜、健康的媒介生态环境和氛围。[④]目前，媒介素养教育已经越来越受到更多人的高度关注，在学生读书期间开设媒介素养教育课程已成为大势所趋。作者针对“学校是否有必要对中小学生或大学生开设媒介素养教育方面的课程”的问卷调查结果显示（如图 7-3 所示），网上问卷调查结果和网下问卷调查结果基本接近，有 89.11%的网上受众和 92.53%的网下受众认为“有必要”或“很有必要”开设媒介素养教育课程。

---

① Severin W. J & Tankard J. W.: Communication Theories——Origins, Methods, and Uses in the Mass Media. , Fourth Edition, Longman Publishers USA, (1997).

② 参见张志安、沈国麟：《媒介素养：一个亟待重视的全民教育课题——对中国大陆媒介素养研究的回顾和简评》，《新闻记者》2004 年第 5 期。

③ Hobbs, R.: Media Literacy, Media Activism. Telemedium, The Journal of Media Literacy, (1996), 42(3).

④ 参见谢金文：《新闻 传媒 传媒素养》，上海社会科学院出版社 2004 年版，代序第 8 页。

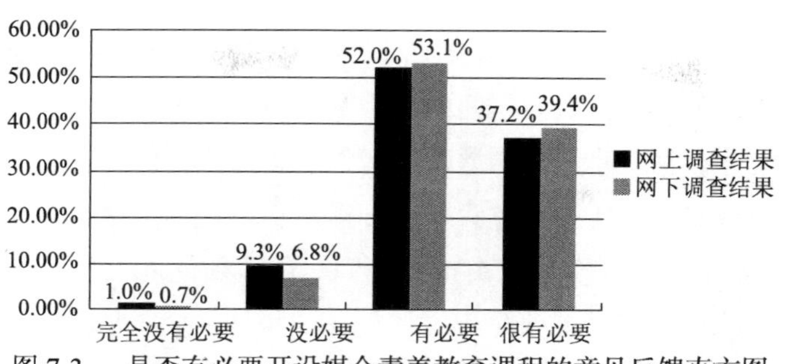

图 7-3　是否有必要开设媒介素养教育课程的意见反馈直方图

从 20 世纪 70 年代起，不仅是发达国家，拉美、亚洲的发展中国家也开始意识到进行了传播文化教育的必要。关于各种大众传播媒介的教育领域，已经日益被看作是一种新的文化扫盲的内容。这种教育被称为“媒介扫盲”“媒介教育”，还为此产生了一个新的英文名称“educommunication”（教育传播）。它的发展趋势是将媒介教育列为正规教育（小学、中学、大学）的一部分，以帮助一代新人了解大众传播，培养他们对大众媒介的正确态度。①目前，澳大利亚、加拿大、英国、法国、德国、挪威、芬兰、瑞典等国已将媒介素养教育设为全国或国内部分地区中、小学的正规教育内容。②从根本上讲，媒介素养教育必须进入学校课程，或在有关学科中增加媒介素养教育的内容，成为通识教育的一部分。根据笔者的问卷调查结果显示（如图 7-4 所示），受众认为“学生在初中阶段开设媒介素养教育课程”的比例最高，达到了近 40%，其次为大学阶段和高中阶段。

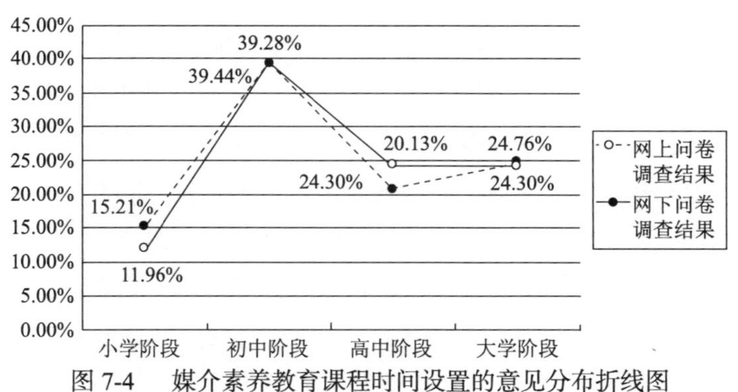

图 7-4　媒介素养教育课程时间设置的意见分布折线图

① 参见陈力丹：《我国需要媒介“扫盲”》，《新闻记者》1994 年第 1 期。

② 参见宋小卫：《西方学者论媒介素养教育》，《国际新闻界》2000 年第 4 期。

受众是媒介运作环境中各方利益的集结点，提高受众的媒介素养，增强社会的监督力量，对于减少虚假新闻的传播具有根本意义。从长远来看，面向受众开展媒介素养教育，使受众熟悉媒体运作的特点和流程，有利于对传媒形成一种无形的受众监督的压力。虚假新闻传播时更多地需要受众的“内在性的自觉”，受众的媒介素养程度直接决定了他们对虚假新闻的抵抗力和鉴别能力、受众媒介素养的提升可以有效防止虚假新闻的扩散，并采取积极的行动防止虚假新闻的发生或降低虚假新闻对自身心理所带来的负面影响，这是受众实现自我保护的必要条件。如果受众的媒介素养水平不高，面对虚假新闻传播时缺乏理性判断各种传播渠道的客观性和可信性的能力，不知道如何判断大众传媒报道的真伪，对得到的危机信息便会缺乏科学判断和理性分析，“唯媒体是从”，轻信虚假新闻。虚假新闻的传播会对受众认知、情绪情感和行为带来危害，甚至会让受众陷入信息过载或信息真空带来的心理恐慌中。

早在 1994 年，我国就有学者提出“媒介扫盲”问题[①]，认为理想的大众传播需要理想的传播接受者充分开发、利用它，来完善自身，造福社会。英国媒介素养教育专家莱恩·马斯特曼说：“媒介素养教育的核心理念首先是分析的工具”[②]。就是说，它注重调查研究，注重理性的分析，注重对人的批判意识和批判能力的培养，为人们提供了一个新的分析问题的态度。通过媒介素养教育，普通民众能够理性地理解信息的意义，辨别媒介真实与社会真实，不盲目相信或采用信息，从而正确决定自己的态度和行为。由于各种复杂原因，传统媒体和市民新闻中包含大量负面信息，对之进行接触、列举和剖析，受众能够逐步增强免疫力，不受有害信息影响，保持健康心智。根据欧美等发达国家的实践经验和理论总结，传媒素养教育对于自由公民而言，其实施教育的关键内容包括：一是认知教育——正确认识媒介的性质和功能。媒介提供的信息由于传播体制运行的局限性，其完整性、准确性会有一定程度的偏差，加之媒介的个性化和各种环境因素的相互作用，我们利用传媒信息时重要的是要发现信息对自己或对社会的意义，而不是盲从。二是批判性教育——建立对媒介信息的系统批判意识。科学、理性地辨别信息的意义，辨别“媒介真实”和“客观

① 参见陈力丹：《陈力丹自选集——新闻观念：从传统到现代》，复旦大学出版社 2004 年版，第 187 页。

② 宋小卫：《西方学者论媒介素养教育》，《国际新闻界》2000 年 4 月。

真实”对于选择信息、采用信息、相信信息具有重要意义，否则就会在海量的信息面前无所适从、迷失方向。三是评价教育——提高对不良媒介信息的免疫力和对不同价值信息的选择性，学会有效地利用媒介为个人成长和社会发展服务。[①]

媒介素养教育要逐步提高受众面对新闻信息时的选择能力。受众在面对媒体制造出的大量信息时，不应只是简单的接受，而是应当学会选择信息的能力，懂得用批判的眼光评估各种信息资源，自觉审视信息本身蕴藏的价值和意义，积极抵制虚假新闻的影响。受众应该正确理解和使用在网络上发布信息的权利。随着网络媒体兴起后，传受双方的关系发生了很大变化，传受者之间的互动和参与性增强，其界限日益模糊，网民可以自主制造生产和传播信息。受众第一次真正地参与到媒体中来，彻底拥有了参与信息传播的权利。对于某些传媒素养较差的受众，误把这种权利当作权力使用，在网上的行为呈现出不理性的放纵态度。这直接导致了受众对媒介不能有效应用，不仅给他人带来了巨大的伤害，也从根本上损害了受众的利益和权力。例如，网络信息已成为新闻从业人员获取消息来源的重要途径，如果个体受众的媒介素养得不到提高，网络BBS 和论坛上发布各种虚假信息就容易被大众传媒制造成虚假新闻去进行传播，其后果不堪设想。

---

① 参见谢金文：《新闻 传媒 传媒素养》，上海社会科学院出版社 2004 年版，第 13 页。

参 考 文 献

阿尔温・托夫勒. 1984. 第三次浪潮. 朱志焱等译. 北京: 生活・读书・新知三联书店.

[法] 埃米尔・迪尔凯姆. 1999. 社会学方法的规则. 胡伟译. 北京: 华夏出版社.

奥尔波特. 2003. 谣言心理学. 刘水平, 梁元元, 黄鹂译. 沈阳: 辽宁教育出版社.

[美] 保罗・M. 莱斯特. 2003. 视觉传播——形象载动信息. 霍文利等译. 北京: 北京广播学院出版社.

[美] 比尔・科瓦齐, 汤姆・罗森斯蒂尔. 2014. 新闻的十大基本原则: 新闻从业者须知和公众的期待. 北京: 北京大学出版社.

蔡铭泽. 1998. 新闻学概论新编. 广州: 暨南大学出版社.

车文博. 1992. 弗洛伊德主义论评. 长春: 吉林教育出版社.

陈昌凤, 王宇琦. 2016. 公众生产信息时代的新闻真实性研究. 新闻与写作, (1): 48-52.

陈力丹, 孟祥晨. 2005. 传媒应有更多的自律——对《关于新闻采编人员从业管理的规定(试行)》的解读. 当代传播(汉文版), (5): 25-27.

陈力丹, 闫伊默. 2007. 新闻真实与当前新闻失实的原因. 新闻传播, (7): 11-14.

陈力丹. 1994. 我国需要"媒介扫盲". 新闻记者, (1): 9-10.

陈力丹. 2002. 假新闻何以泛滥成灾?. 新闻记者, (2): 23-24.

陈力丹. 2002. 世界新闻传播史. 上海: 上海交通大学出版社.

陈力丹. 2004. 陈力丹自选集——新闻观念: 从传统到现代. 上海: 复旦大学出版社.

陈力丹. 2007. 关于媒介素养与新闻教育的网上对话. 湖南大众传媒职业技术学院学报, 7(2): 12-17.

陈力丹. 2013. 假新闻成因之一: 主观统领客观. 新闻界, (18): 18-21.

陈龙. 2005. 媒介批评论. 苏州: 苏州大学出版社.

陈明欣. 2004. 信息化的负面效应与媒介社会责任的强化. 编辑之友, (3): 67-70.

陈绚, 张文祥. 2012. 假新闻治理的路径革新. 国际新闻界, (12): 76-82.

陈绚. 2005. 新闻道德与法规: 对媒介行为规范的思考. 北京: 中国大百科全书出版社.

陈英和. 1999. 认知发展心理学. 杭州: 浙江人民出版社.

陈正良. 2005. 冲突与整合: 德育环境的系统建构. 北京: 中国社会科学出版社.

陈志华. 2003-5-21. 非典百日实录. 南方都市报. 特刊.

陈仲庚. 1986. 人格心理学. 沈阳: 辽宁人民出版社.

陈作平. 2000. 新闻报道新思路. 北京: 中国广播电视出版社.
戴维・波普诺. 1999. 社会学. 第 10 版. 李强等译. 北京: 中国人民大学出版社.
[美] 戴维・迈尔斯. 2006. 社会心理学. 侯玉波, 乐国安, 张智勇等译. 北京: 人民邮电出版社.
丹尼斯・麦奎尔. 2006. 受众分析. 刘燕南译. 北京: 中国人民大学出版社.
邓利平. 2002. 论负面新闻的特征及传播功能. 新闻界, (1): 14-16.
邓晓霞, 王舒怀. 2007-8-10. 对“网络舆论暴力”说“不”. 人民日报, 11.
丁柏铨, 周楠. 2004. 新闻报道中隐性失实的成因及规避(上). 新闻与写作, (9): 33-35.
丁柏铨. 2004. 新闻传播中的隐性失实. 新闻传播, (11): 6-11.
丁柏铨. 2007. 关于虚假新闻、“隐蔽性失实”及其他——兼与吴强先生商榷. 新闻记者, (12): 100-102.
丁立平. 2003. 社会人格与人的发展. 北京: 中国铁道出版社.
董天策. 2011. 虚假新闻的产生机制与治理路径. 新闻记者, (3): 33-37.
杜尔克姆. 1988. 社会学研究方法论. 胡伟译. 北京: 华夏出版社.
段京肃. 2003. 传播学基础理论. 北京: 新华出版社.
方汉奇. 1999. 中国新闻事业通史(第三卷). 北京: 中国人民大学出版社.
冯仕政. 2003-5-30. 应对非典疫情下的心理恐慌困. 人民日报, 3.
高得军. 2002. 批评报道的新闻价值. 中国石油大学胜利学院学报, 16(2): 85-87.
高帆. 1994. 虚假论——真实背后的理性沉思. 沈阳: 辽宁人民出版社.
高钢. 2005. 新闻写作精要. 北京: 首都经济贸易大学出版社.
高觉敷. 1987. 西方心理学的新发展. 北京: 人民教育出版社.
宫承波, 高金萍. 2007. 新闻历史与理论. 北京: 中国广播电视出版社.
宫承波. 2007. 传播学纲要. 北京: 中国广播电视出版社.
[法] 古斯塔夫・勒庞. 2004. 乌合之众: 大众心理研究. 冯克利译. 北京: 中央编译出版社.
关培兰. 2003. 组织行为学. 北京: 中国人民大学出版社.
郭德宏. 2003-2-24. 我们该怎样看待社会转型. 北京日报, 5.
郭庆光. 1999. 传播学教程. 北京: 中国人民大学出版社.
郭卫华. 2000. 新闻侵权热点问题研究. 北京: 人民法院出版社.
郝雨, 马蕴. 2007. 新闻报道中的隐蔽性失实. 新闻记者, (3): 60-61.
何村. 2007. 新闻教育培养什么样人才——由“假新闻泛滥”引发的对新闻教育的思考. 黑龙江高教研究, (4): 144-146.
[美] 赫伯特・阿特休尔. 1989. 权力的媒介. 黄煜等译. 北京: 华夏出版社.
[美] 赫伯特・马尔库塞. 1989. 单向度的人. 刘继译. 上海: 上海译文出版社.
胡盛亚, 杨作品. 2003. 海南惊爆虚假新闻. 传媒, (2): 32-33.
胡舒立. 2004-10-27. 新闻专业主义的领悟者和实践者. 中国经济时报, 2.
胡兴荣. 2004. 新闻哲学. 北京: 新华出版社.

胡正荣. 1998. 传播学总论. 北京: 北京广播学院出版社.
华翔. 1978-5-2. 权力实用主义的自供状. 光明日报, 2.
黄旦, 严风华, 2003. 倪娜. 全世界在观看——从传播学角度看“非典”报道. 新闻记者, (6): 3-5.
吉爱明. 2008. 重构新媒体时代的精神“理想国”——大众传媒的道德研究及标准构建刍议. 南京艺术学院学报美术与设计版, (2): 125-127.
蒋亚平, 官健文, 林荣强. 1986. 新闻失实论. 北京: 中国新闻出版社.
景军. 2006. 艾滋病谣言的社会渊源: 道德恐慌与信任危机. 社会科学, (8): 5-17.
柯惠新, 沈浩. 2005. 调查研究中的统计分析法. 北京: 中国传媒大学出版社.
柯惠新, 王兰柱. 2006. 媒介与奥运. 北京: 中国传媒大学出版社.
孔晓东. 1991. 关于场依存性——独立性认知方式理论发展的研究. 江汉学术, (2): 31-36.
蓝鸿文. 2001. 世界扫描: 新闻自律的一项基本建设——道德信条. 国际新闻界, (2): 19-26.
蓝鸿文. 2001. 新闻伦理学简明教程. 北京: 中国人民大学出版社.
乐国安. 2006. 社会心理学. 广州: 广东高等教育出版社.
雷跃捷. 2007. 媒介批评. 北京: 北京大学出版社.
李彬. 2003. 传播学引论(增补版), 第二版. 北京: 新华出版社.
李琨. 2003. 媒介素质教育与中国. 国际新闻界, (5): 38-43.
李丽. 2008. 试论媒介道德恐慌的产生、危害及其治理. 东南传播, (1): 23-24.
李梅. 2015. 传播心理学视野下假新闻传播特点及应对策略. 中国报业, (2): 71-72.
李韧. 2008. 虚假新闻处罚中存在的问题——以《新闻记者》2001 年～2006 年十大假新闻为样本. 新闻记者, (1): 26-29.
李伟民, 戴健林. 2006. 应用社会心理学新论. 北京: 人民出版社.
[美] 利昂・费斯汀格. 1999. 认知失调理论. 郑全全译. 杭州: 浙江教育出版社.
廖仲毛. 2000. “软性假新闻”的危害性不容忽视. 今传媒, (4): 21.
刘保全. 2007. 痛打假新闻 塑造公信力. 新闻爱好者, (10): 1.
刘建明. 2001. 媒介批评通论. 北京: 中国人民大学出版社.
刘建明. 2003. 当代新闻学原理. 北京: 清华大学出版社.
刘京林. 1999. 新闻心理学概论. 北京: 北京广播学院出版社.
刘京林. 2000. 当前我国新闻心理学的三种架构. 当代劳模, (3): 47-48.
刘京林. 2003. 对传播心理学研究的两点思考. 现代传播—中国传媒大学学报, (3): 38-40.
刘京林. 2004. 新闻心理学原理. 北京: 中国广播电视出版社.
刘京林. 2005. 大众传播心理学(修订本). 第二版. 北京: 中国传媒大学出版社.
刘明华, 徐泓, 张征. 2002. 新闻写作教程. 北京: 中国人民大学出版社.
刘晓红, 卜卫. 2001. 大众传播心理研究. 北京: 中国广播电视出版社.
刘砚议. 2004. 后现代传媒语境下的“道德恐慌”. 当代传播(汉文版), 2004(3): 75-77.

刘燕南. 2004. 电视传播研究方法. 北京: 北京师范大学出版社.
刘永富. 2002. 真假论纲. 北京: 中国社会科学出版社.
刘自雄, 任科. 2012. 现代性、后现代性与虚假新闻——关于虚假新闻几个基本理论问题的探讨. 现代传播-中国传媒大学学报, 34(8): 38-41.
卢春文, 尹雪. 2005. 我党我军新闻史上的四次“打假”. 军事记者, 2005(9): 55-55.
罗斌, 宋素红. 2005. 虚假新闻的法律责任. 中国记者, 2005(10): 45-47.
罗钢, 刘象愚. 2000. 文化研究读本. 北京: 中国社会科学出版社.
罗国杰. 1981. 马克思主义伦理学. 北京: 人民出版社.
马立诚. 1994-1-23. 新闻也要打假. 人民日报, 4.
[美] 马斯洛. 2006. 马斯洛人本哲学. 成明编译. 北京: 九州出版社.
[美] 梅尔文·德弗勒, 桑德拉·保尔一洛基奇. 1999. 大众传播学理论. 杜立平译. 中国台北: 五南图书出版有限公司.
[美] 梅尔文·德弗勒等. 1989. 大众传播通论. 颜建军等译. 北京: 华夏出版社.
[美] 梅尔文·门彻. 2003. 新闻报道与写作. 展江译. 北京: 华夏出版社.
孟昭兰. 2005. 情绪心理学. 北京: 北京大学出版社.
南都社论. 2007-7-2. 从假包子到假新闻=一场信无可信的尴尬. 南方都市报, 1.
年度传媒伦理研究报告课题组. 2017. 2016 年传媒伦理问题研究报告. 新闻记者, (2): 4-16.
年度虚假新闻研究课题组. 2012. 2011 年虚假新闻病理分析报告. 中国广播, (3): 21-28.
年度虚假新闻研究课题组. 2013. 2012 年虚假新闻研究报告. 新闻记者, (1): 14-20.
年度虚假新闻研究课题组. 2015. 2014 年虚假新闻研究报告. 新闻记者, (1): 27-38.
年度虚假新闻研究课题组. 2017. 2016 年虚假新闻研究报告. 新闻记者, (1): 4-15.
牛静. 2015. 新闻传播理论与法规: 理论及案例评析. 上海: 复旦大学出版社.
欧阳春艳. 2000-1-28. 两律师较真两元钱官司. 长江日报, 5.
潘光花, 田文华. 2008. 格式塔心理学关于记忆研究初探. 沈阳大学学报(社会科学版), 10(1): 49-53.
彭聃龄. 2004. 普通心理学(修订版). 北京: 北京师范大学出版社.
卿志军. 2008. 农业市场风险规避中新闻信息的有效传播——海南“香蕉有毒”事件分析. 新闻窗, (1): 46-48.
邱先蓉, 张长青. 2008. 简析我国新闻工作者职责与伦理的较量. 武汉纺织大学学报, 21(2): 110-112.
屈凌云. 2002. 现实呼吁: 用新闻立法惩处假新闻. 新闻爱好者, (6): 8.
屈志坚. 2007. 从假新闻的出笼看把关人缺位. 传媒观察, (9): 30-31.
全国十三所高等院校《社会心理学》编写组. 1990. 社会心理学(第 3 版). 天津: 南开大学出版社.
阙爱民. 2006. 新闻真实性的多重属性及假新闻的危害. 青年记者, (20): 25-26.

单波. 1999. 重建新闻客观性原理. 现代传播: 中国传媒大学学报, (1): 28-35.
沙莲香. 1987. 社会心理学. 北京: 中国人民大学出版社.
沙莲香. 2006. 社会心理学. 第二版. 北京: 中国人民大学出版社.
上海《新闻记者》年度虚假新闻研究课题组. 2014. 2013 年虚假新闻研究报告. 新闻窗, (1): 4-14.
上海《新闻记者》年度虚假新闻研究课题组. 2016. 2015 年虚假新闻研究报告. 新闻窗, (1): 4-15.
邵培仁. 2007. 恐怖源于媒体?——媒体恐慌论介绍及启示. 新闻记者, (6): 21-23.
沈杰. 2003. 中国社会心理嬗变: 1992—2002. 中国青年政治学院学报, 21(1): 133-139.
沈兴耕. 2000. 报纸编辑实务. 北京: 中国广播电视出版社.
时蓉华. 1998. 社会心理学. 杭州: 浙江教育出版社.
时蓉华. 1998. 新编社会心理学概论. 上海: 东方出版中心.
[美] 斯坦利 • 巴兰, 丹尼斯 • 戴维斯. 2004. 大众传播理论. 曹书乐译. 北京: 清华大学出版社.
宋超. 2011. 拷问传媒公信力: 新闻打假十年实录. 上海: 文汇出版社.
宋小卫. 2000. 西方学者论媒介素养教育. 国际新闻界, (4): 55-58.
宋小卫. 2003. 试析媒介消费中的民事合同关系——兼论适用合同法的规定保护媒介消费者的合法权益. 新闻与传播研究, (4): 2-9.
宋原放. 1982. 简明社会科学词典. 上海: 上海辞书出版社.
苏民益. 1999-10-15. 武汉一家报社因侵权被判赔款并承担诉讼费. 检察日报, 4.
孙正一, 柳婷婷. 2008. 2007 年中国新闻业回望. 新闻爱好者, (1): 4-13.
汤玉琴. 2006. 正、负性情绪对压力事件的结果推想及健康水平的影响. 上海: 华东师范大学.
唐彩红, 段宗明. 2005. 中西方新闻失实比较. 钦州学院学报, 20(3): 52-54.
唐建英. 2008. 关于虚假新闻与传媒自律的思考. 中国青年社会科学, 27(1): 123-127.
[日] 藤竹晓. 1987. 电视社会学. 蔡林海译. 合肥: 安徽文艺出版社.
田中阳, 刘丹. 2007. 对“客里空”的历史辨析. 湖南科技大学学报(社会科学版), 10(5): 96-100.
童兵. 2000. 理论新闻传播学导论. 北京: 中国人民大学出版社.
童清艳. 2002. 超越传媒——揭开媒介影响受众的面纱. 北京: 中国广播电视出版社.
庹继光, 刘海贵. 2012. 虚假新闻中的传媒法律责任探析. 新闻记者, (4): 38-41.
王海明. 2001. 新伦理学. 北京: 商务印书馆.
王静. 2007. 记者角色冲突的原因探析. 内蒙古大学学报(人文社会科学版), 39(5): 97-100.
王甦, 汪圣安. 1992. 认知心理学. 北京: 北京大学出版社.
王文科, 萧敏健. 2014. 守护与敬畏. 北京: 中国广播电视出版社.
王晓英. 2008. 浅析负面新闻信息传播的积极作用. 攀登(藏文版), 27(3): 130-132.
王亦高. 2015. 从“权力”到“权利”: 中国新闻职业精神考察与分析. 北京: 人民日报出版社.

魏永征. 2010. 中国法律体系中的新闻自由 http: //xwcb.100xuexi.com/view/otdetail/20100610/EB11B548-B7DC-42B0-BF46-08E498B405B9.html[2010-06-10].

文援朝. 1995. 超越错误. 长沙: 中南工业大学出版社.

[美] 沃尔特・李普曼. 1989. 舆论学. 林珊译. 北京: 华夏出版社.

[美] 沃尔特・李普曼. 2006. 公众舆论. 阎克文等译. 上海: 上海人民出版社.

[美] 沃纳・赛佛林, 小詹姆斯・坦卡德. 2000. 传播理论: 起源、方法与应用. 郭镇之, 徐培喜等译. 北京: 华夏出版社.

吴晓明. 2006. 网络虚假新闻的生成形态. 上海师范大学学报: 哲学社会科学版, 35(1): 83-89.

[奥] 夏特・巴姆尔格. 1992. 奥地利阅读教育//审美教育学. 青岛: 中国海洋大学出版社.

《现代汉语词典》编写组. 2005. 现代汉语词典(第五版). 北京: 商务印书馆.

项德生, 郑保卫. 2000. 新闻学概论. 武汉: 武汉大学出版社.

[苏] 肖・阿・纳奇拉什维里. 1984. 宣传心理学. 北京: 新华出版社.

肖支群. 2008. 传媒环境与社会心理. 中南民族大学学报人文社会科学版, 28(1): 173-176.

谢金文. 2004. 新闻 传媒 传媒素养. 上海: 上海社会科学院出版社.

谢敏. 2007. 记者心理危机的预防和规避. 视听纵横, (3): 118-119.

新疆广播电影电视局. 2011. 透视假新闻. 乌鲁木齐: 新疆人民出版社.

徐培汀. 1982. 新闻学概论(讲授提纲). 兰州: 甘肃省新闻研究所《兰州报》编辑部.

许向东. 2008. 虚假新闻中消息来源的使用及其应对分析. 国际新闻界, (7): 53-57.

杨保军, 朱立芳. 2015. 伪新闻: 虚假新闻的“隐存者”. 新闻记者, (8): 11-20.

杨保军. 2005. 新闻理论教程. 北京: 中国人民大学出版社.

杨保军. 2006. 新闻真实论. 北京: 中国人民大学出版社.

杨保军. 2006. 虚假新闻表现的三个层次. 今传媒, (2): 13-15.

杨保军. 2008. 假新闻、失实新闻内涵辨析. 今传媒, (3): 10-12.

杨保军. 2008. 如何理解新闻真实论中所讲的“符合”. 国际新闻界, (5): 43-48.

叶德本, 解守阵. 1992. 中外假新闻大曝光. 北京: 中国国际广播出版社.

叶浩生. 1998. 西方心理学的历史与体系. 北京: 人民教育出版社年版.

叶奕乾, 祝蓓里. 1988. 心理学. 上海: 华东师范大学出版社.

阴卫芝. 2008. 主体性真实: 公正的真实与全面的真实——以“SPJ 规范改版”及“虐童报道案”为例. 国际新闻界, (4): 43-47.

应金泉. 2005. 新闻偏见和事实本质. 新闻实践, (8): 79-79.

于宁. 1981. 论新闻的真实性. 北京: 中国社会科学院硕士论文.

虞达文. 2001. 新闻心理学. 北京: 新华出版社.

喻国明, 靳一. 2006. 大众媒介公信力测评研究. 北京: 人民出版社.

[美] 约翰・费斯克. 2004. 关键概念——传播与文化研究词典. 李彬译. 北京: 新华出版社.

展江. 2007. “纸馅包子”——假新闻揭示真问题. 中国新闻周刊, (27): 48-49.
张春兴. 1994. 现代心理学. 上海: 上海人民出版社.
张春兴. 2005. 现代心理学——现代人研究自身问题的科学. 上海: 上海人民出版社.
张贺. 2007-8-15, 全国开展专项行动——整治假报刊、假记者站、假记者、假新闻(扫黄打非在行动). 人民日报, 4.
张厚粲, 郑日昌. 1982. 关于认知方式的测验研究——对我国大、中、小学生场依存性特征的调查分析. 心理科学, (2): 14-18.
张建珍. 2004. 谁比谁真实: 电视. 昆明: 云南人民出版社.
张建中, 戴维 •拉泽尔, 马修 •鲍姆等. 2017. 打击假新闻: 研究与行动议程. 青年记者, (22): 84-86.
张骏德, 刘海贵. 1997. 新闻心理学. 上海: 复旦大学出版社.
张隆栋. 1993. 大众传播学总论. 北京: 中国人民大学出版社.
张世林. 1999. 学林春秋(三编上册). 北京: 朝华出版社.
张涛甫. 2011. 十年百条虚假新闻的样本分析——《新闻记者》“年度十大假新闻”评选十年分析报告之一. 新闻记者, (5): 4-9.
张维迎. 2003. 信息、信任与法律. 北京: 生活 • 读书 • 新知三联书店.
张勇. 2007. 虚假新闻的真实图景与成因初探. 西安: 西北大学硕士论文.
张志安, 沈国麟. 2004. 媒介素养: 一个亟待重视的全民教育课题——对中国大陆媒介素养研究的回顾和简评. 新闻记者, (5): 11-13.
章志光. 1996. 社会心理学. 北京: 人民教育出版社.
赵中天. 2001. 社会心理学. 北京: 中共中央党校出版社.
郑保卫,樊亚平, 卢佩. 2008. 新时期我国新闻真实研究述评. 今传媒, (1): 25-27.
郑保卫. 2005. 提倡“从我做起”治理虚假报道. 当代传播(汉文版), (6): 1-1.
郑兴东. 1999. 受众心理与传媒引导. 北京: 新华出版社.
郑兴东. 2004. 受众心理与传媒引导(修订本). 北京: 新华出版社.
郑瑜. 2007. 媒介素养与传媒责任. 当代传播(汉文版), (4): 1-1.
中共中央马克思恩格斯列宁斯大林著作编译局. 1956. 马克思恩格斯全集(第 1 卷). 北京: 人民出版社.
中共中央文献研究室新华通讯社. 1983. 毛泽东新闻工作文选. 北京: 新华出版社.
中国社会科学院新闻研究所《新闻研究资料》室. 1981. 新闻研究资料: 一九八一年. 第二辑(总第七辑). 北京: 新华出版社.
周灿华. 2013. 论虚假新闻传播与受众认知失调. 中国出版, (5): 49-52.
周茂君. 2001. 我国传媒产业经营政策及其影响. 武汉大学学报人文科学版, 54(2): 244-249.
周思思. 2006. 假新闻成因及对策探讨——以 2001 年到 2005 年“十大假新闻”为例分析. 武汉: 华中科技大学硕士论文.

周晓虹. 2003. 传播的畸变——对“SARS”传言的一种社会心理学分析. 社会学研究, (6): 43-54.

自治区广播电影电视局. 2011. 假新闻案例剖析. 乌鲁木齐: 新疆人民出版社.

[美] D. Alan Bensley. 2005. 心理学批判性思维. 李小平等译. 北京: 中国轻工业出版社.

E. C. 库兹明, B. E. 谢苗诺夫. 社会心理学. 卢盛忠译. 杭州: 杭州大学出版社.

[德] H. G. 伽达默尔. 1988. 真理与方法. 沈阳: 辽宁人民出版社.

[美] M. W. 艾森克等. 2002. 认知心理学. 高定国等译. 上海: 华东师范大学出版社.

Allport, Gordon W. . 1947. *The psychology of rumor*. New York: Henry Holt.

Edward E. Smith (et al.). 2006. *Atkinson & Hilgard's Indroduction to Psychology* (14th ed), World Books Publishing Corporation.

Em Griffin, Special Consultant, Glen McClish. 2000. *A First Look at Communication Theory*. (4th ed). Boston : McGraw-Hill.

Gerald C. Davison, c2003. John M. Neale: Abnormal psychology: with cases (8th ed). New York : John Wiley.

Hobbs, R. 1996. Media literacy, media activism. *Telemedium, The journal of Media Literacy*, 42: (3).

Leonard Berkowitz. 1975. *A Survey of Social Psychology*. Hinsdale, Ill.: Dryden Press.

R. Lavidge & G. A. Steiner. 1961. A Model for Predictive Measurements of Advertising Effectiveness. *Journal of Marketing*, (25): 61.

Richard Jackson Harri. 1994. *A Cognitive Psychology of Mass Communication* (4th edn.). New Jersey: Lawrence Erlbaum Associates Publishers.

Robert L. Solso, M. Kimberly MacLin, Otto H. MacLin. 2005. *Cognitive Psychology* (7rd ed). Beijing: Peking University Press.

Ronald G. Hicks、foreword by John C. Merrill. 1977. *A Survey of Mass Communication Gretna*. La. : Pelican Pub. Co.

SeverinW. J&Tankard J. W. 1997. *Communication Theories ——Origins, Methods, and Uses in the Mass Media* (4th ed). Longman Publishers USA.

附录一

新闻信息对受众影响的调查问卷

亲爱的朋友：

您好！

当您看到这份问卷的时候，首先请接受我们最诚挚的问候。信息时代，人们经常接触媒介上的信息。那么我国大陆新闻媒介（本问卷中的新闻媒介包括电视、报纸、广播、杂志和网络）上的新闻信息将对受众有什么影响呢？我们的研究将对这一问题进行探讨。这是一份用于学术研究的问卷，问卷答案没有对错之分，请您依据个人的实际情形和想法填答即可。您填答的结果和您本人的任何信息我们都将严格保密，请您放心，感谢您的支持与配合！请务必保证真实性！

1. 您每天从媒介上了解新闻所用的时间大概是？

A、2 小时或以下　　B、2-4 小时　　C、4-6 小时

D、6-8 小时　　E、8 小时以上

2. 您认为当前新闻媒介中存在的虚假新闻数量？（如选择答案 F，则直接跳答到第 15 题）

A、很多　　B、较多　　C、一般

D、较少　　E、很少　　F、从来没有

3. 您认为哪种新闻媒介传播的虚假新闻比较多？（答案可单选或多选）

A、电视　　B、广播　　C、报纸

D、杂志　　E、网络

4. 您以前是否知道“北京电视台纸馅包子”这一新闻事件（即播出了该台记者暗访北京某地时，某加工点使用废纸箱为馅制作小笼包出售的节目）？

A、知道　　B、不知道

5. 当您第一次看了或听说“北京电视台纸馅包子”新闻事件后，您认为食品安全问题?

A、很严重　　B、比较严重　　C、一般

D、不太严重　　E、一点也不严重

6. 当您第一次看了或听说“北京电视台纸馅包子”新闻事件后，假如您是北京人，您是否会继续“购买包子”?

A、不敢购买了

B、很犹豫，不知道怎么办

C、无所谓，继续购买

7. 当您得知“北京电视台纸馅包子事件”是虚假新闻时，您的心情是?（可单选可多选）

A、对该媒体所报道的其他新闻表示怀疑

B、对所有媒体的新闻报道表示怀疑

C、对新闻媒体不再信任

D、对工作、学习、生活中的其他人或事表示怀疑

E、继续相信新闻媒体，虚假新闻毕竟是少数

8. 当您知道“北京电视台纸馅包子事件”是虚假新闻时（即不存在纸做的包子），您对食品安全问题的担心程度（与前面第6题所选答案的心情相比）?

A、加重了　　B、没有变化　　C、减轻了

D、完全不担心了　　E、说不清

9. 新闻媒体澄清“北京电视台纸馅包子事件”是虚假新闻后，假如您是北京人，是否还愿意去“购买包子”?

A、继续购买　　B、犹豫，不知道怎么办　　C、不敢购买

10. 当您看到或听到大众传媒传播虚假新闻时，您的情绪是?（多选题）

A、兴趣　　B、恐惧　　C、愉快

D、惊奇　　E、愤怒　　F、厌恶

G、痛苦　　H、悲伤　　I、轻蔑

11. 您认为虚假新闻对人们的心理会产生什么影响?

A、有很大的负面影响

B、有较大的负面影响

C、有较小的负面影响

D、没有负面影响

E、不知道，不确定

12. 您认虚假新闻产生的主要原因是？（可单选也可多选）

A、造假者想出名

B、新闻媒体审核不严、管理不力

C、造假者想挣钱

D、人们对虚假新闻的无所谓的态度

E、新闻从业人员道德品质低

F、迎合了人们的猎奇、刺激心理

13. 您对虚假新闻制造者所属的新闻单位，评价如何？

A、非常不信任　　B、不太信任　　C、无所谓

D、比较信任，造假属于个人行为

14. 您如何看待新闻工作者传播虚假新闻的行为？

A、坚决反对　　B、比较反对　　C、无所谓

D、不太反对　　E、不反对

15. 您在接收媒介信息时，持何种态度？

A、完全接受

B、批判，有选择性地接受

C、全部不接受

16. 媒介素养教育，是指个体对各种媒介信息进行分析、评价、选择、使用和利用能力的教育。您认为，学校是否有必要对中小学生或大学生开设媒介素养教育方面的课程？

A、很有必要　　B、有必要　　C、没必要

D、完全没有必要

17. 您认为在学生的哪个学习阶段，最有必要开设媒介素养教育课程？（第 16 题中，选择答案 A 和 B 的,请回答此题）

A、小学阶段　　B、初中阶段　　C、高中阶段

D、大学阶段

18. 您的性别是？

A、女　　B、男

19. 您的年龄是？

A、20 岁以下　　B、20—29 岁　　C、30—39 岁

D、40—49 岁　　E、50—59 岁　　F、60 岁及以上

20. 您的学历是？

A、初中及初中以下　　B、高中（中专、技校）　　C、大学专科

D、大学本科　　E、研究生及以上

21. 您所从事的职业是？

A、工人

B、商业、服务人员

C、学生、企事业单位工作人员

D、科、教、文、体、卫工作员

E、军人、警察

F、个体及私营业主

G、无职业及退休人员

22. 您所在的省份是？

真诚地感谢您的参与和合作！祝一生平安！

附录二

新闻信息对大学生影响的调查问卷

亲爱的大学生朋友：

您好！

当您看到这份问卷的时候，首先请接受我们最诚挚的问候。信息时代，人们经常接触媒介上的信息。那么我国大陆新闻媒介（本问卷中的新闻媒介包括电视、报纸、广播、杂志和网络）上的新闻信息将对受众有什么影响呢？我们的研究将对这一问题进行探讨。这是一份用于学术研究的问卷，问卷答案没有对错之分，请您依据个人的实际情形和想法填答即可。您填答的结果和您本人的任何信息我们都将严格保密，请您放心，感谢您的支持与配合！请务必保证真实性！

1. 您每天从媒介（本问卷中的媒介包括电视、报纸、广播、杂志和网络）上了解新闻所用的时间大概是？

A、2 小时或以下　　B、2-4 小时　　C、4-6 小时

D、6-8 小时　　E、8 小时以上

2. 您认为当前新闻媒介中存在的虚假新闻数量？（如选择答案 F，则直接跳答到第 15 题）

A、很多　　B、较多　　C、一般

D、较少　　E、很少　　F、从来没有

3. 您认为哪种新闻媒介传播的虚假新闻比较多？（可单选或多选）

A、电视　　B、广播　　C、报纸

D、杂志　　E、网络

4. 您以前是否知道“北京电视台纸馅包子”这一新闻事件（即播出了该台记者暗访北京某地时，某加工点使用废纸箱为馅制作小笼包出售的节目）？

A、知道　　B、不知道

5. 当您第一次看了或听说“北京电视台纸馅包子”新闻事件后，您认为食品安全问题？

A、很严重　　B、比较严重　　C、一般

D、不太严重　　E、一点也不严重

6. 当您第一次看了或听说“北京电视台纸馅包子”新闻事件后，假如您是北京人，您是否会继续“购买包子”？

A、不敢购买了

B、很犹豫，不知道怎么办

C、无所谓，继续购买

7. 当您得知“北京电视台纸馅包子事件”是虚假新闻时，您的心情是？（可单选可多选）

A、对该媒体所报道的其他新闻表示怀疑

B、对所有媒体的新闻报道表示怀疑

C、对新闻媒体不再信任

D、对工作、学习、生活中的其他人或事表示怀疑

E、继续相信新闻媒体，虚假新闻毕竟是少数

8. 当您知道“北京电视台纸馅包子事件”是虚假新闻时（即不存在纸做的包子），您对食品安全问题的担心程度（与前面第6题所选答案的心情相比）？

A、加重了　　B、没有变化　　C、减轻了

D、完全不担心了　　E、说不清

9. 新闻媒体澄清“北京电视台纸馅包子事件”是虚假新闻后，假如您是北京人，是否还愿意去“购买包子”？

A、继续购买

B、犹豫，不知道怎么办

C、不敢购买

10. 当您看到或听到大众传媒传播虚假新闻时，您的情绪是？（多选题）

A、兴趣　　B、恐惧　　C、愉快

D、惊奇　　E、愤怒　　F、厌恶

G、痛苦　　H、悲伤　　I、轻蔑

11. 您认为虚假新闻对人们的心理会产生什么影响？

A、有很大的负面影响

B、有较大的负面影响

C、有较小的负面影响

D、没有负面影响

E、不知道，不确定

12. 您认虚假新闻产生的主要原因是？（可单选也可多选）

A、造假者想出名

B、新闻媒体审核不严、管理不力

C、造假者想挣钱

D、人们对虚假新闻的无所谓的态度

E、新闻从业人员道德品质低

F、迎合了人们的猎奇、刺激心理

13. 您对虚假新闻制造者所属的新闻单位，评价如何？

A、非常不信任　　B、不太信任　　C、无所谓

D、比较信任，造假属于个人行为

14. 您如何看待新闻工作者传播虚假新闻的行为？

A、坚决反对　　B、比较反对　　C、无所谓

D、不太反对　　E、不反对

15. 您在接收媒介信息时，持何种态度？

A、完全接受

B、批判，有选择性地接受

C、全部不接受

16. 媒介素养教育，是指个体对各种媒介信息进行分析、评价、选择、使用和利用能力的教育。您认为，学校是否有必要对中小学生或大学生开设媒介素养教育方面的课程？

A、很有必要　　B、有必要　　C、没必要

D、完全没有必要

17. 您认为在学生的哪个学习阶段，最有必要开设媒介素养教育课程？

（第 16 题中，选择答案 A 和 B 的，请回答此题）

A、小学阶段　　B、初中阶段　　C、高中阶段

D、大学阶段

18. 您的性别是？

A、女　　B、男

19. 您所学的专业属于？

A、文科　　B、理工科

真诚地感谢您的参与和合作！祝一生平安！

附录三

对新闻传者的访谈提纲

1. 您对虚假新闻怎么看？（可多选）

A、新闻界的耻辱　　B、人在江湖，身不由己

C、无所谓　　D、其他（自己填答）

2. 您觉得我国该不该出台《新闻法》？

A、应该　　B、不应该

C、无所谓　　D、其他（自己填答）

3. 您是否接受过新闻法规与职业道德教育的培训？

A、是　　B、否

4. 您在哪个新闻单位工作?

5. 您的年龄是?

A、30 岁以下　　B、31—40 岁　　C、40—50 岁　　D、50 岁以上

6. 您的岗位是?

A、记者　　B、编辑　　C、部室主任　　D、媒体老总

7. 您认为虚假新闻产生的原因有哪些？

8. 请您谈谈虚假新闻制造者的心理动机有哪些？

9. 您认为虚假新闻会给受众心理带来哪些方面的影响？

10. 在新闻工作实践中，您主要的心理需求有哪些？

11. 假如您是新闻单位的高层管理人员，您准备采取哪些措施来满足员工们的需求？

12. 请您谈谈对虚假新闻的防治措施？

感谢您抽出宝贵的时间来接受访谈，祝一生平安！

附录四

对新闻传者的部分访谈记录

受访者：江敏连；学历：硕士；从业经历：5 年；工作单位：广西卫视；年龄：28 岁

1. 我认为虚假新闻是新闻界的耻辱。

2. 我觉得我国应该出台《新闻法》。

3. 我接受过新闻法规与职业道德教育的培训。

4. 我的工作岗位是记者。

5. 虚假新闻产生的原因包括：利益的驱动、记者的责任心不强、新闻媒体的某种炒作，以及法律监管的缺失等。

6. 虚假新闻制造者的心理动机包括：为了出名，制造独家、轰动新闻，成为个人成功的台阶；为了获利，为了达到某种不可告人的利益目的，不惜铤而走险。

7. 虚假新闻会给受众心理带来哪些方面的影响：对于社会现象产生或好或坏的假相认识，一方面，会引导受众对社会认识的不全面反映；另一方面，一旦新闻真实性受到质疑，更容易引起社会心理的反弹，引发社会对于媒体公器，甚至对于政府的不信任危机。

8. 在新闻工作实践中，您主要的心理需求：重大新闻事件我在现场，我的报道表达我的真实所见，我的评论反映社会监测者的声音。

9. 假如您是新闻单位的高层管理人员，您准备采取哪些措施来满足员工们的需求：对于纪律的严厉约束，对于观点的百家共鸣，对于创新的乐见其成。

10. 虚假新闻的防治措施：强制有效的法律规范，媒体完善自身的监督管理体制。

受访者：程良华；学历：本科；从业经历：11 年；年龄：34 岁

1. 我认为虚假新闻是新闻界的耻辱。

2. 我觉得我国应该出台《新闻法》。

3. 我接受过新闻法规与职业道德教育的培训。

4. 我的工作岗位是记者。

5. 我认为虚假新闻产生的原因包括：主观方面：利益驱动，其他个人感情因素；客观方面：知识结构、认知水平，及其他力不能及的原因。

6. 虚假新闻制造者的心理动机：利益驱动；与利益有关的各种动机；压力，某种授意；比较隐晦、复杂的动机（毁谤、打击等）；缺乏主观能动性，随意性不重视。没有线索，编造“客里空”。

7. 虚假新闻会给受众心理带来哪些方面的影响：误导，认知错误；感觉被欺骗、被愚弄、被操纵；不信任相关媒体报道；鄙视新闻从业人员；通过各种渠道（正当或不正当）反馈。

8. 在新闻工作实践中，您主要的心理需求：个人价值的实现（话语权、对民众的影响力）；受尊重、有成就感；个人职业，相关福利保障；各种因素的妥协（学历、经历、爱好等综合选择）。

9. 假如您是新闻单位的高层管理人员，您准备采取哪些措施来满足员工们的需求：首先，员工的待遇福利一定要跟上社会经济发展的水平，保障员工的良好生活基准。其次，科学合理的奖励机制，如提供经常的学习培训机会，包括出外学习；顶住众多的关系户，让记者可以顺利采访，不用去担心节目是否播得出。

10. 虚假新闻的防治措施：记者方面：有政治敏锐性。受新闻职业道德制约，有自律精神；心底无私天地宽，不要掺入个人利益纷争；提高新闻采编能力，要谨慎报道，要客观准确；要避开一些陷阱。媒体方面：加强培训，让记者从觉悟、知识水平方面得到提高；尽量避免记者陷于利益纠缠中；有健全的机制。管理方面：有法可依；完善的制度；社会方面：适当的社会监管、反馈、纠正渠道。

受访者：李编辑；学历：本科；年龄：47 岁；工作单位：中国证券报；从业经历：25 年

1. 我认为虚假新闻是新闻界的耻辱，我国应该尽早出台《新闻法》。

2. 我接受过新闻法规与职业道德教育的培训。

3. 虚假新闻产生的原因包括：媒体竞争加剧；网络让造假更方便，记者识辨能力不够。

4. 虚假新闻制造者的心理动机：一是炒作。二是扰乱公众视线。三是派系斗争。

5. 虚假新闻会让受众心里感到：让新闻二字切割；对媒体缺乏信任感；影响执政者施政政策的可信性；

6. 在新闻工作实践中，主要的心理需求：为读者提供及时的信息，帮助读者把握经济发展形势；在工作过程中，我希望获得别人的信任；希望自己的认知能力能够逐渐提高。

7. 假如我是新闻单位的高层管理人员，我将在物质层面尽可能让员工获得同业的中上水平回报；精神层面，让员工觉得自己的劳动得到肯定，并有进一步发展的空间。

8. 虚假新闻的防治措施：相关法律来约束造假事件；给新闻工作者充分的话语权；必要的经济杠杆制裁。